I0840849

Pon cerco al Estrés

(555 posibles remedios sin Farmacopea)

Recopilado y escrito por:

José Enrique Centén Martín

Depósito legal: M-007429/2018

Imagen de portada: ©JECM

La génesis

No hay mejor cura que la que nos ofrece la Naturaleza, pero el desconocimiento y sobre todo por la comodidad, se recurre a la farmacopea cuando tenemos al alcance alimentos que puede remediar nuestros males y es lo que plasmo en este libro. Es muy común abusar o malinterpretar la frase de Horacio (65 - 8 a.n.e.) cuando expresó "**Carpe Diem**, quam minimim credula postero", así lo hacen o lo hicimos cuando éramos jóvenes, época normal de rebeldía, pero el paso de la adolescencia a la madurez plena, que no es tan grande, sin corregir ese error adolescente es cuando se puede entrar en desequilibrios generados por la sociedad actual, donde la competitividad, el éxito, la falta de trabajo estable, o no acorde a tus necesidades, por precario, puede ocasionar problemas de salud al abusar de farmacopea recetada o aconsejada, y ella nos puede llevar a mayores problemas aún, adicciones, ansiedad, depresión u otros desequilibrios más perniciosos. Incluso para colectivos de: **Seguridad, Salvamento, Hospitalario, o de la Enseñanza,** dada la presión que soportan en sus carreras.

Siguiendo el consejo de Hipócrates de Cós (460 - 370 a.n.e.), **"Que la comida sea tu alimento y el alimento tu medicina"**, consejo básico para cumplir, pues seguro que todos alguna vez hemos tomado infusiones o alimentos recomendado por familiares y ancestros, siendo eficaz para alguna dolencia concreta, por ello me aventuré en escribir un libro titulado 8256 Remedios Naturales para las 170 dolencias más comunes que padecemos, y de él he realizado el presente monográfico, no son solo remedios a base de hierbas, hay frutas, hortalizas, legumbres, raíces, árboles conocidos en su gran mayoría, todos con grandes beneficios para nuestra salud al ser utilizadas como alimentación o tisanas en muchos casos, con el propósito de que este libro sea un remedio para los problemas que padezcamos, dado que para cada dolencia hay varias propuestas y difícilmente alguna no nos irá bien.

Sigamos las enseñanzas de los antiguos tal como lo define el refranero español: **"de la colmena la miel y de la boca del sabio, el saber"**

Presentación

El estrés es uno de los trastornos típicos de la sociedad actual, saturada de trabajo, responsabilidades e información, y para el 6% de la población se convierte en un problema. **Al año se consumen cerca de 60 millones de envases de Benzodiazepinas,** siendo en muchas ocasiones causa de adicciones, graves trastornos hepáticos y nerviosos. Aquí se ofrecen remedios mediante plantas medicinales siendo **un método sano para paliar estos graves problemas y la gran mayoría sin contraindicaciones. Remedios paliativos con 258 plantas para el Estrés (68) y otros síntomas asociados como: Ansiedad (57), Depresiones (57), Dolores de cabeza (68), Insomnios (75), Jaquecas (10), Migrañas (30), Sedantes (132). También** en este libro se incluye una **dolencia de origen desconocido la Fibromialgia (12) que puede derivar en algunos cuadros antes descritos.** Se ha añadido algo inusual pero importante, **Desintoxicantes (32),** que en algunos casos de estrés pueden haber provocado **adicciones al Tabaco, Drogas, Alcohol Ludopatías o medicamentos. También un apartado final titulado Edulcorantes, para nuestras bebidas con algo diferente al azúcar (sin aporte nutritivo para la salud).**

Dolencias contempladas

Estrés

- **Aceite de Cedro,** para reducir el estrés, inspirar dos veces directamente del envase, ver **descripción de la planta.**

- **Acerola,** su consumo produce hormonas como la melatonina, y el mantenimiento de la glándula que segrega adrenalina, especialmente en períodos de mucho estrés, contra la ansiedad y depresión. Sus propiedades antiinflamatorias por las Antocianinas ayudan a curar **migrañas y dolores de cabeza,** de igual manera que nos ayuda una Aspirina o un Ibuprofeno. Para regular los ciclos de sueño o insomnio, ayuda al producir hormonas como la Melatonina, ver **descripción de la planta.**

- **Amapola,** el consumo regular y diario de sus semillas son especialmente aconsejadas ante situaciones de estrés, problemas de insomnio, actuando como sedante natural, ver **descripción de la planta,** forma de consumo **VIII.**

- **Aquilea o Milenrama,** una de las plantas que más se recomiendan en los casos de **depresión** tomando infusiones 2 o 3 veces diarias. Buen sistema también en casos de ansiedad, estrés o nervios, ver **descripción de la planta,** forma de uso **VII.**

- **Ashwagandha,** combate el estrés y el sistema nervioso central, **precaución quienes tomen medicamentos para el mismo efecto,** en especial, barbitúricos, también actúa contra la ansiedad, ver **descripción de la planta,** forma de uso **VII.**

- **Aspérula,** esta especie es un buen sedante e hipnótico de efectos probados como calmante, se puede utilizar en situaciones de estrés, y depresión, ver **descripción de la planta,** forma de uso **VII.**

- **Avellana** sus vitaminas del grupo B alivian diferentes síntomas de estrés, ansiedad y depresión, ver **descripción de la planta.**

- **Avellano,** las infusiones reducen los síntomas del estrés, ver **descripción de la planta,** forma de uso **VII.**

- **Ayahuasca,** la cocción de sus hojas, tallo y semillas, en infusión, es el método para el estrés y remedios adyacentes, ver **descripción de la planta,** forma de uso **VII.**

- **Azafrán,** beber una taza de infusión con 0,5 gr. en 250 ml. de agua hirviendo, para el **estrés y la ansiedad,** ver **descripción de la planta.**

- **Benjuí,** contra el **estrés y la ansiedad** se puede usar de modo interno o, en inhalaciones su aceite esencial, ver **descripción planta.**

- **Brezo,** como sedante ayuda a calmar estados de nervios en caso de estrés y ansiedad. Para la salud de personas con depresión y fatiga, ver **descripción de la planta.**

- **Calaguala,** para trastornos nerviosos, **insomnio y estrés** en infusiones o como agua de día, ver **descripción de la planta,** forma de uso **VII.**

- **Calamento,** 1 sola gota de su esencia tomada por vía oral alivia el estrés, ver **descripción de la planta.**

- **Canónigo,** pertenece a la familia de la Valeriana, siendo beneficioso para controlar la ansiedad se utiliza para equilibrar el sistema nervioso, muy conveniente en caso de estrés y la ansiedad, ver **descripción de la planta.**

- **Cebada,** uso en decocción para beber en situaciones de estrés, al producir un mayor consumo y excreción de minerales (potasio, calcio, magnesio) y vitaminas, especialmente del grupo B, ver **descripción de la planta,** forma de uso **VII.**

- **Cúrcuma,** consumida en polvo estimula el sistema nervioso, tiene efectos en el sistema inmune y en el estado de ánimo al provocar un aumento en la producción de Serotonina, ver **descripción planta.**

- **Escarola,** con alto contenido en vitamina C y rica en potasio, ayuda a prevenir el estrés, ver **descripción de la planta.**

- **Escutelaria china,** la infusión de 3 o 4 ramitas de frescas, tres veces al día, combate el estrés y las tensiones diarias, así como la ansiedad, ver **descripción de la planta.**

- **Estafisagria,** indispensable para **la adicción al sexo o al onamismo.** Curando la **hipocondría y el histerismo** con el punto de partida en los órganos sexuales debidos a excesos libidinosos cuyas consecuencias son profundamente debilitantes, y contra las neurosis causadas por emociones morales enervantes por excitaciones que parten del interior, como la indignación y el pesar mal soportados que **provocan el estres. También se utiliza contra** las cefaleas o aturdimiento continuo, **precaución,** ver **descripción de la planta.**

- **Estragón,** tanto para las situaciones **de estrés como para los dolores de cabeza,** tomar una cucharadita de estragón seco por taza de agua en infusión (se puede tomar sin límites), o añadirlo fresco y picado muy fino a las comidas, ver **descripción de la planta.**

- **Garbanzos,** adecuado su consumo en situaciones de estrés e irritabilidad, ver **descripción de la planta.**

- **Geranio,** ingerido es muy apreciado para aliviar el estrés, ver **descripción de la planta,** forma de uso **VII.**

- **Ginseng,** es importante para quienes sufren de **estrés y ansiedad,** ver **descripción de la planta.**

- **Granado,** consumir para aliviar el estrés, ver **descripción de la planta,** forma de consumo **VIII.**

- **Graviola,** las hojas mascadas tienen un alto poder sedativo, sirviendo eficazmente para calmar los nervios, **el estrés, dolores de cabeza** y en **insomnio leve** ayuda a dormir mejor, ver **descripción de la planta.**

- **Incienso aromático,** con Sándalo (hierba), tranquiliza casos de estrés o nerviosismo, **solo quemado,** ver **descripción de la planta.**

- **Jazmín,** ver **en Té verde,** ver **descripción de la planta.**

- **Jengibre,** consumir, porque al poseer una sustancia llamada Cineol ayuda a disminuir la ansiedad, a los **primeros síntomas de estrés** toma infusión de jengibre, ver **descripción de la planta.**

- **Kiwi,** ayuda a bajar el estrés, al intervenir en el equilibrio de agua dentro y fuera de la célula nerviosa, ver **descripción de la planta.**

- **Kudzu,** de propiedades relajantes, combate el **estrés excesivo,** y ayuda a crear un ánimo relajado en las emociones, ver **descripción de la planta.**

- **Lavanda,** como tónico frecuente puede ayudar **en condiciones de cansancio, y estrés.** Paños de agua de flores de lavanda reducen los niveles de dolor, y puede reducir los **dolores de cabeza,** ver **descripción de planta.**

- **Lúpulo,** se le otorga beneficios notables para quien padece **estrés y síntomas de ansiedad,** ver **descripción de planta,** forma de uso **VII.**

- **Maca,** es un apoyo a las glándulas suprarrenales, manteniendo la salud general del cuerpo en **situaciones de estrés.** Regula y aumenta la función del sistema endocrino, en las glándulas que producen las hormonas necesarias para las funciones corporales, incluso en el estado de ánimo de la **depresión,** para el **...Continúa**

... dolor de cabeza es de efecto analgésico gracias a los Terpenoides y Saponinas, ver **descripción de la planta.**

- **Magnolia,** tiene ciertas cualidades ansiolíticas que impactan directamente en el equilibrio hormonal del cuerpo, sobre todo en las del estrés, capaz de **reducir la ansiedad y el estrés** por calmar la mente. También alivia **la depresión,** mediante la estimulación de la liberación de Dopamina y las hormonas del "placer", dando la vuelta al estado de ánimo en poco tiempo, ver **descripción de la planta.**

- **Maitén,** para tratar los síntomas del estrés, poner 10 gr. en ½ litro de agua, hervir 10 minutos, filtrar y beber caliente, ver **descripción de la planta.**

- **Mandioca o Yuca,** los componentes extraídos de la corteza ayudan en la protección contra el estrés oxidativo, ver **descripción de la planta.**

- **Naranjilla,** reduce el **estrés y la ansiedad** al causar cambios hormonales que desencadenan estado de ánimo y una disposición agradable. Afecta a los niveles de corticosterona hormona del estrés, ver **descripción de la planta.**

- **Nectarina,** un componente de la nectarina es el magnesio, mineral que equilibra el sistema nervioso central y proporciona una acción sedante, por lo que se recomienda en momentos de estrés, ver **descripción de planta.**

- **Nenúfar,** su aceite en uso tópico es utilizado como **antiestrés,** contra la tensión nerviosa y la **depresión,** ver **descripción de la planta.**

- **Neroli,** unas gotas en difusor inhalando, combaten el **estrés y depresión,** alivian la tensión y elevan el buen humor, ver **descripción de la planta.**

- **Oroval,** se utiliza la infusión de la corteza de la raíz para combatir el estrés, **precaución,** ver **descripción de la planta.**

- **Pasiflora,** es adecuada para evitar los dolores y espasmos involuntarios producidos por **estrés, en casos de ansiedad** es un ansiolítico ligero, y sin riesgo de dependencia, siendo también importante su efecto para **calmar la depresión** estacional, es adecuada para los **dolores de cabeza,** incluso en las neuralgias, ver **descripción de la planta**, forma de uso **VII.**

- **Pimienta de Jamaica,** su consumo es utilizado para **aliviar el estrés,** en **casos de depresión** alivia la tristeza emocional, por su olor agradable que inunda los sentidos y hace sentir mejor, ver **descripción de la planta.**

- **Plátano,** por su contenido de vitamina B, es muy bueno para calmar el sistema nervioso, especialmente en los momentos de estrés o angustia comer plátanos como merienda. Consideran que su consumo por el Triptófano contenido se convierte en Serotonina, siendo beneficioso contra la **depresión,** ver **descripción de la planta.**

- **Remolacha,** consumida cocida ayuda a vencer el estrés, ver **descripción de la planta.**

- **Rosal,** se utiliza en infusión para **reducir el estrés** y aliviar sentimientos de resentimiento, y en **la depresión** calma los síntomas y alivia sentimientos de pesar, celos, ver **descripción de la planta.**

- **Salvia romana,** el aceite inhalado es el recurso ideal en tiempos de desafío o cambios personales, especialmente cuando hay estrés externo o presión extrema. Durante las crisis de la edad madura su aceite ejerce una influencia equilibradora, alentadora y revitalizadora. En situaciones llenas de estrés, este aceite reduce la tensión de origen interno, disminuye la velocidad de la mente acelerada y calma los nervios. Al restaurar la tranquilidad interior **minimiza los efectos debilitantes del estrés** y ...**Continúa**

... los padecimientos relacionados con él. Reduce la irritabilidad, ataques de pánico, al revivir los nervios desgastados. También aminora los dolores musculares resultantes del estrés mental o emocional y de la tensión nerviosa, ver **descripción de la planta,** forma de uso **VII (2).**

- **Sauzgatillo,** la infusión reduce el nivel de los estrógenos en las glándulas adrenales que causan el estrés, ver **descripción planta.**

- **Té verde,** el efecto calmante combinado con el aroma de Jazmín es muy beneficioso para **aliviar el estrés y la ansiedad,** ver **descripciones de las plantas.**

- **Verbena,** utilizar para **el estrés**, actúa contra **la depresión,** melancolía y apatía, ver **descripción de planta**, forma de uso **VII (2).**

- **Violeta,** se utiliza contra el estrés nervioso, ver **descripción de la planta,** forma de uso **VII.**

- **Ylang Ylang,** realizar masajes para relajamiento en situaciones de **estrés** y como **antidepresivo** es un relajante profundo, **precaución,** ver **descripción de la planta.**

- **Finalmente,** se describen las plantas que solo es preciso la **infusión simple para ingerir o el consumo,** en este caso **para los problemas de estrés:**
Cedrón o Hierbaluisa, Eleuterococo, Encina, Escutelaria azul, Menta de lobo, Mimosa, Naranjo amargo, Naranjo dulce, Perilla, Salep, Té rooibos, Tila alpina, Trébol rojo, Vetiver.
También **se puede potenciar** con plantas diferentes para la misma dolencia, pero es conveniente **recordar siempre** la perfecta utilización de cada planta utilizada **según su descripción,** por si existiese alguna **interacción con fármacos o posibles contraindicaciones.**

Ansiedad

Las plantas, **Acerola, Ashwagandha, Avellana, Azafrán, Benjuí, Canónigo, Escutelaria china, Ginseng, Jazmín, Kava, Lúpulo, Magnolia, Naranjilla, Rosal, Té verde, Tila alpina,** plantas utilizadas como ansiolíticos están incluidas cada una de ellas en el apartado de **Estrés**.

- **Agripalma,** en infusión tiene propiedades contra la ansiedad, o intranquilidad, ver **descripción de la planta,** forma de uso **VII.**

- **Ajo,** 4 ajos al día ayudan a reducir la ansiedad y nervios, ver **descripción de la planta.**

- **Alcachofa,** es buena contra la ansiedad, ver **descripción de la planta,** forma de consumo en **VIII.**

- **Árbol del sándalo,** se utiliza para calmar la ansiedad, ver **descripción de la planta.**

- **Bergamota,** al consumir el fruto o tomar en infusión ayuda en caso de ansiedad, ver **descripción de la planta.**

- **Cacahuete,** un puñado de cacahuetes genera niveles agradables de Serotonina que el cerebro interpreta como sensación de bienestar para los casos de ansiedad, ver **descripción de la planta.**

- **Hipérico,** la infusión actúa contra la ansiedad **como sedante.** También el polvo encapsulado, ver **descripción de la planta,** forma de uso **VII (1).**

- **Incienso aromático,** utilizado con Limón mejora los estados de ansiedad, **solo quemado,** ver **descripción de la planta.**

- **Jazmín,** ver en **Té verde,** ver **descripciones de las plantas.**

- **Jengibre,** consumir de cualquier forma, porque al poseer una sustancia llamada Cineol ayuda a disminuir la ansiedad, ver **descripción de la planta.**

- **Limón,** combate la ansiedad, ver **descripción de la planta.**

- **Melisa,** al ser ligeramente hipnótica y sedante, combate los ataques de ansiedad puntuales, ver **descripción de la planta.**

- **Menta de lobo,** para aquellas personas que sufren de ansiedad inexplicable, puede ser muy eficaz, ver **descripción de la planta.**

- **Mimosa,** relaja en ansiedad y tensión nerviosa, ver **descripción de la planta.**

- **Naranjo amargo,** en infusión es un excelente ansiolítico natural que la Naturaleza puede brindarnos, actúa sobre los órganos que se ven afectados por casos de ansiedad y cambios de humor, ver **descripción de la planta.**

- **Neroli,** inhalado o en difusión, tiene efecto relajante y calmante sobre la mente, cuerpo y la ansiedad, ver **descripción de la planta.**

- **Nuez de Brasil,** para casos de ansiedad, angustia, ver **descripción de la planta.**

- **Pasiflora,** en casos de ansiedad es un ansiolítico ligero, y sin riesgo de dependencia, ver **descripción de planta,** forma de uso **VII.**

- **Pimiento rojo,** contienen vitamina B6 y magnesio, esta combinación reduce la ansiedad, ver **descripción de la planta.**

- **Salvia romana,** el aceite se usa para mitigar la ansiedad y la tensión emocional que suelen acompañar a los ataques de asma, ver **descripción de la planta.**

- **Sombrerera,** la infusión para los trastornos de la ansiedad, angustia, **precaución,** ver **descripción de la planta.**

- **Trigo sarraceno,** su riqueza en carbohidratos, vitaminas del grupo B, magnesio y lisina, se recomienda en los casos de ansiedad, ver **descripción de la planta,** forma de consumo **VIII.**

- **Verbena,** utilizar para combatir la ansiedad, ver **descripción de la planta,** forma de uso **VII (2).**

- **Vid,** las hojas en infusión, realizada con la decocción de una cucharadita de hojas secas por taza de agua durante 10 minutos. Reposar 10 minutos más y tomar cada cuarto de hora 1 cucharada, ver **descripción de la planta.**

- **Finalmente,** se describen las plantas que solo es preciso la **infusión simple para ingerir o el consumo,** para los problemas de ansiedad:

Angélica, Brezo, Cálamo aromático, Cedrón o Hierbaluisa, Escutelaria azul, Hidrocotyle, Hierbabuena, Madreselva, Manzanilla, Mejorana, Peonia, Perilla, Sauzgatillo, Sumbul, Tila, Trébol rojo, Tronadora, Vainilla.

También **se puede potenciar** con plantas diferentes para la misma dolencia, pero es conveniente **recordar siempre** la perfecta utilización de cada planta utilizada **según su descripción,** por si existiese alguna **interacción con fármacos o posibles contraindicaciones.**

Depresión

Las plantas, **Acerola, Aspérula, Avellana, Brezo, Maca, Magnolia, Nenúfar, Neroli, Pasiflora, Pimienta de Jamaica, Plátano, Rosal, Verbena, Ylang Ylang,** plantas utilizadas como antidepresivos, están incluidas cada una de ellas en el apartado de **Estrés.**

- **Achicoria,** la achicoria viene bien para tratar problemas de cansancio y depresiones, ver **descripción de planta,** forma de uso **VII.**

- **Alcachofa,** es buena para trastornos nerviosos, como la depresión, ver **descripción de la planta**, forma de consumo **VIII.**

- **Árbol del sándalo,** se utiliza para combatir la depresión, ver descripción, ver **descripción de la planta.**

- **Azafrán,** consumir durante 6 a 8 semanas, tan efectiva como la Fluoxetina, siempre en casos leves o moderados, ver **descripción de la planta.**

- **Bergamota,** el fruto, la infusión y el aceite diluido son antidepresivos, por sus características psicotrópicas, ver **descripción de la planta.**

- **Borraja,** la infusión se utiliza para el cansancio emocional, melancolía y depresión, ver **descripción de planta,** forma de uso **VII.**

- **Branca Ursina,** su acción contra la depresión se debe sobre todo como asténico, ver **descripción de la planta,** forma de uso **VII.**

- **Cacahuete,** genera niveles de Serotonina, el cerebro interpreta como sensación de bienestar, en casos de depresión, ver **descripción de la planta.**

- **Cacao,** la presencia de Feniletilamina, la producción de Endorfinas, para un estado de bienestar emocional y euforia, ver **descripción de la planta.**

- **Cariofilada,** las raíces sirven para combatir la depresión y astenia, ver **descripción de la planta,** forma de uso **VII (1).**

- **Castaña,** su cantidad de fósforo consigue estar de mejor humor durante el día. **Ayuda a combatir la apatía y melancolía**, ver **descripción de la planta.**

- **Castaño,** para combatir depresión, astenia o largas convalecencias, ver **descripción de la planta,** forma de uso **VII (1)**

- **Cebada,** la decocción para beber en casos de astenia, fatiga primaveral o depresión, ver **descripción de planta,** forma de uso **VII.**

- **Cebollino,** ayuda a tratar la fatiga, astenia y depresión, ver **descripción de la planta.**

- **Chirimoya,** de acción tónica que impide el decaimiento y la fatiga, evitando depresiones, ver **descripción de la planta.**

- **Cúrcuma,** estimula el sistema nervioso con efectos inmunes en el estado de ánimo, provocando la producción de Serotonina, ver **descripción de la planta.**

- **Eleuterococo,** se utiliza al ser sumamente **útil** en estados de **astenia, precaución,** ver **descripción de la planta.**

- **Espirulina,** eficaz contra el cansancio depresivo en las enfermedades pulmonares, como la EPOC, ver **descripción planta.**

- **Estafisagria,** personas sometidas mucho tiempo a las emociones penosas del pesar con despecho é irascibilidad, debilitadas, caquécticas, es eficaz en la tristeza y la melancolía hipocondríaca, aniquilamiento de la sensación como de cansancio y fatiga al despertar, **precaución,** ver **descripción de la planta.**

- **Garbanzos,** legumbre adecuada en situaciones de astenia o depresión nerviosa, ver **descripción de la planta.**

- **Geranio,** ingerido es muy apreciado para aliviar el estrés y la depresión, ver **descripción de la planta,** forma de uso **VII.**

- **Ginkgo biloba,** en **procesos depresivos** leves de personas mayores, asociados a insuficiencia cerebral y reducción de Serotonina, neurotransmisor en las células nerviosas, ver **descripción de la planta.**

- **Ginseng,** es importante para quienes sufren depresión, ver **descripción de la planta.**

- **Hidrocotyle,** utilizar contra los trastornos depresivos, ver **descripción de la planta.**

- **Hierba de san Pedro,** para tratar la depresión, ver **descripción de la planta,** forma de uso **VII.**

- **Hipérico,** la infusión actúa contra la depresión y patologías asociadas. Se puede utilizar polvo encapsulado, ver **descripción de la planta,** formas de usos en **VII (1, 2, 3, 4).**

- **Hydrastis o Sello de oro,** en el caso de una gran depresión, o conduce **pensar en el suicidio,** es un remedio muy utilizado, **precaución,** ver **descripción de la planta.**

- **Incienso aromático,** con Azahar (flor del Naranjo o Limonero) o Jazmín ayuda a levantar y equilibrar las emociones, mejorando el estado de ánimo, **solo quemado,** ver **descripciones de las plantas.**

- **Kava,** la infusión es conveniente utilizar en caso de depresión nerviosa, **precaución,** ver **descripción de la planta.**

- **Limón,** para casos de depresión, ver **descripción de la planta.**

- **Manzanilla,** de utilidad para aliviar los efectos físicos de la depresión, ver **descripción de la planta.**

- **Martagón,** se utiliza la infusión de los bulbos para tratamientos depresivos, ver **descripción de la planta.**

- **Melocotón,** sus propiedades mejoran los estados depresivos que acompañan a la fatiga, ver **descripción de la planta.**

- **Naranjo amargo,** la infusión es efectiva para aliviar casos de depresión, ver **descripción de la planta.**

- **Naranjo dulce,** por su variedad de nutrientes ayudan a tener un buen tono vital y ahuyentar la apatía y el desánimo, ver **descripción de la planta.**

- **Noni,** se debe consumir contra la **depresión mental**, ver **descripción de la planta.**

- **Nuez de Brasil,** la ingesta moderada es beneficiosa en la depresión, ver **descripción de la planta.**

- **Nuez de Cola,** su aceite esencial palía los síntomas de la depresión. Antes de usar **(importante consultar a médico especialista),** ver **descripción de la planta.**

- **Ñame silvestre o Batata,** para casos de depresión, ver **descripción de la planta.**

- **Salvia romana,** su aceite inhalado, sirve para restaurar el equilibrio emocional, reducir la melancolía y la depresión, ver **descripción de la planta.**

- **Té verde,** el consumo regular puede ayudar a agilizar estado de ánimo y la depresión, ver **descripción de la planta.**

- **Trigo sarraceno,** su riqueza en carbohidratos, vitaminas del grupo B, magnesio y lisina, está recomendado en caso de depresión o cansancio generalizado, ver **descripción de la planta,** forma de consumo **VIII.**

- **Vainilla,** trata problemas de la depresión, ver **descripción planta.**

Desintoxicantes por Adicciones

- **Acerola,** fruta muy aconsejable para personas que están dejando alguna **adicción,** como **fumar o beber**, sus propiedades no se limitan solo a la vitamina C, ver **descripción de la planta.**

- **Ajo,** contra el alcoholismo consumir a diario crudo en ensaladas o directamente (se venden en Hipermercados botes de cristal con ajos en salmuera, evitando el problema halitosis), ver **descripción planta.**

- **Amla o Grosella espinosa,** protege la hepatopáncreas de los efectos perjudiciales de la alcoholemia, ver **descripción de la planta.**

- **Angélica china,** su aceite esencial ha logrado modular la liberación de dopamina en algunas zonas del cerebro. **Se recomienda para tabaquismo, alcoholismo, o drogas**, ver **descripción de planta.**

- **Ayahuasca,** la región amazónica en el norte de Perú se hizo conocida por su producción de cocaína, pero también lo es ahora por el **uso de plantas medicinales como la Ayahuasca,** que curanderos de la zona utilizan para tratar la **adicción a las drogas.** Y considerada "sabia" por indígenas que la emplean desde hace 3000 años. "Cuando se toma ayahuasca se amplifican todas las percepciones de los sentidos: el oído, la vista, el olfato y todas las funciones psíquicas internas". **Se hace más evidente su problemática emocional, sus problemas familiares o de salud** y puede tomar conciencia de elementos que se le escapaban, ver **descripción de la planta.**

- **Azúkis,** es utilizada en tratamientos de **desintoxicación**, gracias a su aporte en Tiamina o vitamina B1, ver **descripción de la planta.**

- **Café verde**, tiene niveles importantes de Levodopa (L-dopa), precursor de la Dopamina, por lo que es posible que pueda aumentar los niveles de los neurotransmisores asociados a la abstinencia. La dopamina como tal, no existe en el reino vegetal. **Se recomienda para adicciones como tabaquismo, alcoholismo, o drogas**, ver **descripción de la planta.**

- **Chumbera o Nopal,** contra el alcoholismo se utiliza en forma de extractos (seguir indicaciones del envase), ver **descripción planta.**

- **Combreto,** planta africana, recomendado para desintoxicar a personas adictas al **opio, dosis bajo indicación médica,** ver **descripción de la planta.**

- **Combretum,** planta americana, recomendado para desintoxicar a personas adictas al opio, **bajo indicación médica,** ver **descripción de la planta.**

- **Desmodium,** el método más **eficaz para combatir el alcoholismo**, causante de los trastornos hepáticos y las transaminasas elevadas, ver **descripción de la planta.**

- **Diente de león,** ayuda a depuración de la sangre, muy importante para **abandonar el hábito** del consumo de alcohol, ver **descripción de la planta.**

- **Escutelaria azul,** buena para aliviar síntomas del síndrome de abstinencia en adicciones a **drogas, tabaquismo, o medicamentos,** por sus beneficios sobre el sistema nervioso, alivia algunos síntomas del **síndrome de abstinencia,** ver **descripción de la planta.**

- **Estafisagria,** indispensable en **la adicción al sexo o al onamismo.** Puede curar, la **hipocondría y el histerismo** que tienen su punto de partida en los órganos sexuales debidos a excesos ...**Continúa**

... libidinosos cuyas consecuencias son profundamente debilitantes, **y contra las neurosis** causadas por emociones morales enervantes por excitaciones que parten del interior, ver **descripción de la planta.**

- **Gatera,** al ejercer un efecto relajante regula el sueño y elimina los dolores de cabeza asociados al síndrome de abstinencia. Además, protege el sistema respiratorio, ver **descripción de la planta.**

- **Hidrocotyle,** muy eficaz tónico y regenerador de los nervios, **sedante en:** síndromes delirantes crónicos, paranoia, psicosis esquizofrénica, desordenes psicóticos, agitación nerviosa, alucinosis alcohólica, trastornos maniacos y sus manifestaciones, ver **descripción de la planta.**

- **Hipérico,** modula varios neuroquímicos, la Hiperacina y la Hiperforina, los compuestos más activos. La depresión y el alcoholismo tienen algunas similitudes neuroquímicas, como actividad baja de Serotonina en el cerebro. El extracto de Hipérico comparado con otros antidepresivos hay diferencias. Se ha demostrado que la Hipericina estimula los niveles extracelulares de Dopamina, Noradrenalina y Serotonina, así como al Glutamato, aminoácido que excita al sitio cerebral responsable de las **reacciones al pánico y al estrés.** Se ha evaluado para dejar de fumar por la relación entre fumar y la depresión al obtener éxitos primarios. **Se recomienda para tabaquismo, alcoholismo, o drogas,** ver **descripción de la planta.**

- **Kava,** la infusión, **solo utilizar bajo control facultativo,** se ha mostrado unirse a sitios en el cerebro asociados con **adicción y el deseo compulsivo** debido a la suplementación de su sustancia, la Kavapironas, que **disminuye los efectos de la abstinencia.** Se recomienda para **tabaquismo, alcoholismo, drogas** (cocaína, heroína), ver **descripción de la planta.**

- **Kudzu,** logra reducir la manifestación de los **síntomas de abstinencia**. Los principios activos más importantes son los Isoflavonoides, Puerarina, Daizina y Daidzeina. Tiene además efectos ansiolíticos y actúa de varias formas en el mismo sentido. **Se recomienda para tabaquismo, alcoholismo, o drogas**, ver **descripción de la planta.**

- **Magnolia,** para la estimulación del sistema linfático que aumenta el nivel de toxinas y se elimina del cuerpo. Reducción de la acumulación de grasa alrededor del hígado causa de insuficiencia hepática por el consumo **excesivo de alcohol**, llamada ALD, ver **descripción de la planta.**

- **Onagra,** trata el alcoholismo aliviando los **síntomas de abstinencia** y promover la normalización de enzimas del hígado, también disminuye el daño causado al cerebro por el alcohol, ver **descripción de la planta.**

- **Oreja de oso,** el poder de su tintura se utiliza para tratar problemas de alcoholismo, ver **descripción de la planta.**

- **Pasiflora,** planta efectiva para la sintomatología psíquica del **síndrome de abstinencia** frente a placebos, valorándose en personas **drogodependientes los opiáceos** en cura de deshabituación, y como **ansiolítico ligero** sin riesgo de dependencia, ver **descripción de la planta,** forma de uso **VII.**

- **Pepino,** contiene un gran número de Alanina, Arginina y Glutamina, que tienen un efecto terapéutico, en los pacientes con cirrosis hepática alcohólica, ver **descripción de la planta.**

- **Polygala senega,** el té es muy adecuado para problemas de congestión nasal que pueden provenir del alcohol, **precaución,** ver **descripción de la planta.**

- **Quassia,** contra el alcoholismo, **consumir de cualquier forma** para tratar complementariamente, **precaución,** ver **descripción planta.**

- **Roble albar,** la esencia de la corteza provoca una **aversión a las bebidas intoxicantes** en los alcohólicos, ver **descripción de la planta.**

- **Romero,** tonifica el corazón y es buen tónico que ayuda a restablecer energías y favorecer la fuerza de voluntad, ver **descripción de la planta,** formas de uso **VII (1, 2 y 3).**

- **Rosal,** la infusión se utiliza para combatir los molestos efectos del alcohol (resaca), también calma la ansiedad y alivia sentimientos de celos y resentimientos, ver **descripción de la planta.**

- **Schizandra,** altamente desintoxicante hepático, con dos componentes activos principales, Schizandrina y Gomisina, que actúan de protectores frente a tóxicos como el alcohol, ver **descripción de la planta.**

- **Tamarindo,** es un buen remedio por los **excesos de alcohol** y contra **la resaca,** ver **descripción de la planta.**

- **Tila alpina,** como ansiolítico, ante un estado leve y repentino de ansiedad, un momento puntual de nerviosismo o para cuando se tiene efectos leves de estrés acumulado, ver **descripción de la planta.**

- **Valeriana,** se recomienda para **personas adictas al alcohol o drogas,** para **mitigar el síndrome de abstinencia,** ver **descripción de la planta.**

Dolores de cabeza

Las plantas, **Acerola, Estafisagria, Estragón, Lavanda, Maca, Pasiflora,** plantas utilizadas para combatir los dolores de cabeza están incluidas cada una de ellas en el apartado de **Estrés.**

- **Achicoria,** la achicoria en infusión viene bien para tratar dolores de cabeza, ver **descripción planta,** forma de uso **VII.**

- **Alcaravea,** elimina o mitiga la cefalea o **dolor de cabeza,** mediante apósitos sobre la frente con una infusión, ver **descripción de la planta.**

- **Aloe vera**, alivia el dolor de cabeza, especialmente el causado por sinusitis, frotando su gel interior en las sienes o masticando, ver **descripción de la planta.**

- **Asafétida,** contra los **dolores de cabeza y las migrañas,** disolver un poco en agua y beber, ver **descripción de planta.**

- **Cariofilada,** las hojas y raíces en infusión combate la cefalea, ver **descripción de la planta,** forma de uso **VII (2).**

- **Castaña,** su consumo nos acerca más a eliminar los dolores de cabeza de manera natural, sin recurrir a un analgésico, ver **descripción de la planta.**

- **Cayeput,** en forma de **inhalaciones** sus propiedades analgésicas son útiles en dolores de cabeza que suelen acompañar los resfriados, ver **descripción de la planta.**

- **Chequén,** sus yemas en decocción echadas en los baños, mitigan toda clase de dolores, ver **descripción de la planta.**

- **Clavo,** el Flavonoides en la infusión alivia el dolor de cabeza, ver **descripción de la planta,** forma de uso **IV.**

- **Copalchi,** utilizando la infusión de su corteza sirve como analgésico**, precaución,** en dosis razonables es poco tóxico, **seguir indicaciones de personal médico,** ver **descripción de la planta.**

- **Gaulteria,** su aceite esencial ayuda a aliviar el dolor de cabeza frotando un poco las sienes, ver **descripción de la planta.**

- **Graviola,** contrarresta los dolores de cabeza y musculares, ver **descripción de la planta.**

- **Guamá,** su ingesta sirve para calmar el dolor de cabeza, ver **descripción de la planta.**

- **Guamá candelón,** se utiliza como analgésico débil, tiene ventaja sobre el opio el no producir pesadez, ver **descripción de la planta.**

- **Guaraná,** produce estado de tranquilidad a pesar de su cafeína, personas la utilizan para aliviar el dolor de cabeza, ver **descripción de la planta.**

- **Harpagofito,** en infusión es analgésica y de gran eficacia para los dolores de cabeza, ver **descripción de la planta,** forma de uso **VII.**

- **Henna,** mezclar flores de la planta con un poco de vinagre y aplicar sobre la frente y sienes, alivia el malestar, ver **descripción de planta**

- **Hierba de san Pedro,** como analgésico contra las cefaleas, ver **descripción de la planta,** forma de uso **VII.**

- **Manzana,** su consumo es bueno en los dolores de cabeza, ver **descripción de la planta.**

- **Menta,** el efecto antiséptico y antiviral por su contenido en polifenoles del extracto de menta es un remedio eficaz y consiste en aplicar aceite esencial en la zona afectada (frente y sienes), ver **descripción de la planta.**

- **Mostaza blanca,** su utilización es un sedante bastante eficaz para los dolores de cabeza, ver **descripción de la planta.**

- **Naranjo dulce,** su consumo es útil en algunos casos de dolores de cabeza causados por exceso de toxinas en el organismo. La infusión (cáscara) calma los dolores de cabeza causados por el estrés, ver **descripción de la planta.**

- **Neroli,** aplicando unas gotas en una compresa caliente o fría, alivia dolores de cabeza y neuralgias, ver **descripción de la planta.**

- **Ñame silvestre,** contra las cefaleas habituales, ver **descripción de la planta.**

- **Pie de león,** analgésico para combatir las cefaleas, **precaución,** ver **descripción de la planta.**

- **Primavera,** la raíz contiene sustancias emparentadas con el Ácido Acetil Salicílico, de propiedades analgésicas para calmar los dolores de cabeza, ver **descripción de la planta,** forma de uso **VII.**

- **Psoralea,** en infusión contra el dolor de cabeza y cefaleas, ver **descripción de la planta,** forma de uso **VII.**

- **Quina,** en infusión o 1 copita al día (**solo adultos,** solo una es suficiente para buenos resultados), para neuralgias y dolor de cabeza, ver **descripción de la planta.**

- **Rábano rusticano,** para el dolor de cabeza (cataplasma sobre la nuca), ver **descripción de la planta,** forma de uso **IV.**

- **Sanguinaria del Canadá,** contra el dolor de cabeza, **precaución,** ver **descripción de la planta,** forma de uso **VII.**

- **Sauce blanco,** la infusión o las cápsulas pueden ayudar a aliviar el dolor de cabeza asociado con la tensión nerviosa, ver **descripción de la planta.**

- **Tila alpina,** es relajante y resulta ideal la infusión para mejorar síntomas como **dolores de cabeza o migrañas**, tomar **solo como efecto secundario de malestar digestivo**, ver **descripción de planta.**

- **Verbena,** como analgésico actúa contra el dolor de cabeza, ingerida o en uso tópico, ver **descripción de la planta**, formas de uso **VII (1 y 3).**

- **Verdolaga,** como analgésico, beber el jugo de la planta o mezclar con aceite y se aplica como cataplasma en la cabeza, ver **descripción de la planta.**

- **Viborera,** en algunos lugares de Europa se ha utilizado la infusión de viborera para el tratamiento del dolor de cabeza, ver **descripción de la planta.**

- **Finalmente,** se describen las plantas que solo es preciso la **infusión simple para ingerir o el consumo,** en este caso **contra los dolores de cabeza:**
Ajuga iva, Angélica, Cedrón o Hierbaluisa, Comino, Eneldo, Escutelaria azul, Gatera, Helicriso o Sol de oro, Jazmín, Kava, Kudzu, Mate, Mayorca, Mejorana, Menta japonesa, Olivo, Sauzgatillo, Tamarindo, Tanaceto, Té rojo, Tila, Tomillo, Tronadora, Vainilla, Yerba santa.
También **se puede potenciar** con plantas diferentes para la misma dolencia, pero es conveniente **recordar siempre** la perfecta utilización de cada planta utilizada **según su descripción,** por si existiese alguna **interacción con fármacos o posibles contraindicaciones.**

Fibromialgias

La fibromialgia es una enfermedad de tipo reumatológico que se caracteriza por el dolor crónico generalizado durante más de tres meses. Normalmente el paciente localiza este dolor en el aparato locomotor, fatiga, problemas de la memoria y cambios de estados de ánimo. Enfermedad reumatológica que afecta principalmente a las mujeres, **sin existir una medicación concreta para la curación de la fibromialgia.** En este libro se aporta plantas específicas que pueden tener un efecto de alivio a dicha dolencia, también algunas de las ofrecidas podrían paliar, en parte, dichos dolores.

- **Alcanforero,** limitado su utilización para dolores de articulaciones y reumatismo, diluyendo unas gotas de aceite de Alcanfor con aceite de oliva o en jabón, ayuda a aminorar y desinflamar el dolor, ver **descripciones de las plantas.**

- **Graviola,** contrarresta los dolores de cabeza y musculares, ver **descripción de la planta.**

- **Guamá candelón,** se utiliza como analgésico para las neuralgias **o dolores crónicos,** ver **descripción de la planta**

- **Guindilla,** calmante del dolor. Una sola inyección de Capsaicina combate ciertos tipos de dolores crónicos durante varias semanas, ver **descripción de la planta.**

- **Lavanda,** como tónico frecuente puede ayudar **en condiciones de cansancio.** Paños de agua de sus flores reducen los niveles de dolor, el olor a lavanda puede reducir los dolores de cabeza, ver **descripción de la planta.**

- **Mostaza blanca,** sedante eficaz que actúa como analgésico en el tratamiento para los dolores crónicos, ver **descripción de la planta.**

- **Muérdago,** como potente analgésico es eficaz para combatir la fibromialgia y dolores musculares crónicos, ver **descripción planta.**

- **Onagra,** trata el síndrome post viral que causa **mareos** por **la fibromialgia,** ver **descripción de la planta.**

- **Pasiflora,** es adecuada incluso en las neuralgias, ver **descripción de la planta,** forma de uso **VII.**

- **Quina,** en infusión o 1 copita al día (**solo adultos,** solo una es suficiente para buenos resultados), para neuralgias, ver **descripción de la planta.**

- **Trébol acuático,** para el dolor muscular Fibromialgia, combina con otras plantas como el Abedul y Apio, ver **descripción de la planta.**

- **Vainilla,** ayuda a controlar y tratar el dolor por sus propiedades analgésicas, en particular el dolor crónico de origen desconocido, como la fibromialgia, ver **descripción de la planta.**

Insomnio

Para recuperar hábitos de sueño perdido, antes de recurrir a pastillas u otros remedios **se recomienda tener un ritual que tu organismo identifique como la ruta de descanso. Por ejemplo,** desconectarte siempre a la misma hora de los aparatos electrónicos (teléfono, tables, TV, etc.); ducharse antes de acostarse para relajarse, comer de manera liviana durante la cena, salir a caminar por las tardes, etc.

Las plantas, **Acerola, Calaguala, Graviola,** plantas para combatir los problemas de insomnio están incluidas cada una de ellas en el apartado de **Estrés.**

- **Achicoria,** al contrario que el café, la achicoria es utilizada para combatir estados de somnolencia, ver **descripción de la planta,** forma de uso **VII.**

- **Alcachofa,** su consumo combate el insomnio, ver **descripción de la planta,** forma de consumir en **VIII.**

- **Angélica,** se utiliza la infusión de las hojas en los trastornos para dormir e insomnios, ver **descripción de la planta.**

- **Árbol de Tilo,** antes de ir a la cama la infusión tiene efectos antiespasmódicos, actuando contra el insomnio, ver **descripción de la planta,** forma de uso **VII.**

- **Árbol del sándalo,** para la mejora de la calidad del sueño, ver descripción, ver **descripción de la planta.**

- **Ashwagandha,** al tomarla por la noche ayuda a dormir mejor, ver **descripción de la planta,** forma de uso **VII.**

- **Aspérula,** calmante de efectos probados, la infusión se considera un buen sedante e hipnótico, en situaciones de insomnio, tomar inmediatamente antes de ir a la cama, ver **descripción de la planta,** forma de uso **VII.**

- **Boldo,** la infusión combate el insomnio como excelente relajante natural. Tomar una taza pequeña antes de ir a la cama**, precaución,** ver **descripción de la planta.**

- **Brezo,** como sedante ayuda a personas con insomnio leve, ver **descripción de la planta.**

- **Calabaza,** una decocción de pipas de Calabaza, trituradas sin cáscaras, en agua o leche, se usa contra el insomnio, ver **descripción de la planta.**

- **Calamento,** tomar **1 gota de la esencia, por vía oral,** antes de ir a la cama para combatir el insomnio, ver **descripción de la planta.**

- **Cálamo aromático,** el cocimiento del rizoma es excelente, tomar un baño personas que sufren de problemas de insomnio, ver **descripción de la planta.**

- **Canela con miel,** tomar una cucharada con un vaso de agua tibia antes de ir a la cama, ver **descripción de la planta y de la Miel.**

- **Capuchina,** mezcladas en las ensaladas, las hojas y flores frescas de la capuchina, por la de noche, facilitan el sueño, ver **descripción de la planta.**

- **Cedrón o Hierbaluisa,** su utilización en infusión es eficaz para tratar el insomnio, ver **descripción de la planta.**

- **Cerezas,** una de las pocas fuentes alimenticias que contienen Melatonina, antioxidante, ayuda a regular los ciclos de sueño, ver **descripción de la planta.**

- **Chachacoma,** una tisana de Chachacoma todas las noches, induce a un reparador y tranquilo sueño, ver **descripción de la planta,** forma de uso **VII.**

- **Chirivía,** consumir contra el insomnio, ver **descripción de planta.**

- **Escutelaria azul,** se utiliza para mejorar el insomnio ayudando a descansar ante la falta de sueño, ver **descripción de la planta.**

- **Escutelaria china,** la infusión de 3 o 4 ramitas de frescas, en una taza antes de irte a la cama, el insomnio, ver **descripción de la planta.**

- **Espino albar o Majuelo,** las flores son excelentes para el insomnio y contra los desequilibrios neurovegetativos. Realizar una tisana con un puñadito de sus flores en agua hirviendo. Reposar, colar y beber a sorbitos, una taza en el almuerzo y otra en la cena, ver **descripción de la planta.**

- **Espirulina,** tiene un alto contenido en Melatonina por lo que está indicada para el insomnio, ver **descripción de la planta.**

- Estragón, una cucharadita de Estragón, seco, por taza de agua en infusión **(se puede beber a discreción),** o añadir fresco y picado muy fino a las comidas, ver **descripción de la planta.**

- Garbanzos, su elevado contenido en Magnesio, Fósforo y vitaminas del grupo B, es adecuado su consumo en situaciones de falta de sueño, ver **descripción de la planta.**

- Gatera, la infusión nunca ha dejado de utilizarse, especialmente contra el insomnio, ver **descripción de la planta.**

- Goji, sirve para **regular el sueño**, ver **descripción de la planta.**

- Granadilla, relajante natural, favorece el sueño de las personas que sufren de insomnio, ver **descripción de la planta.**

- Hierbabuena, de propiedades sedantes, siendo e utilizada en problemas de insomnio en infusiones, **precaución,** ver **descripción de la planta.**

- Hierba de san Pedro, es muy útil contra el insomnio, ver **descripción de la planta,** forma de uso **VII.**

- Hinojo, los gargarismos de Hinojo, Menta, Salvia y Valeriana, contra el bloqueo de la garganta causante de la apnea del sueño, ver **descripciones de las plantas.**

- Hipérico, hervir 3 minutos, reposar 5 minutos, colar y beber de 2 a 3 tazas diarias, existe polvo encapsulado, ver **descripción planta.**

- Kava, la infusión, **bajo control facultativo,** se utiliza para tratar insomnio, en dosis adecuadas, **precaución,** ver **descripción planta.**

- Lavanda, tiene propiedades que ayudan a conciliar el sueño y profundamente, se recomienda usar aceite de lavanda en casos de insomnio (antes de recetar pastillas para dormir). Si no funciona, con la prescripción de cualquier fármaco, se puede ...**Continúa**

... utilizar simultáneamente para conciliar el sueño, ver **descripción de la planta.**

- **Lechuga,** el consumo ayuda a calmar el sistema nervioso y el insomnio, un vaso de jugo de lechuga ayuda a dormir mejor, ver **descripción de la planta.**

- **Lúpulo,** beneficiosa en personas que padecen o están atacados por el **insomnio** y no consiguen conciliar el sueño, ver **descripción de la planta,** forma de uso **VII.**

- **Maca,** su consumo beneficia al sueño haciéndolo más profundo, ver **descripción de la planta.**

- **Madreselva,** el té de sus flores blancas actúa contra el insomnio, ver **descripción de la planta.**

- **Mejorana,** se utiliza contra el insomnio, ver **descripción planta.**

- **Melisa,** al ser ligeramente hipnótica y sedante, actúa contra las alteraciones del sueño, ver **descripción de la planta.**

- **Menta,** ver **en Hinojo,** ver **descripciones de las plantas.**

- **Menta de lobo,** contra el insomnio, ver **descripción de la planta.**

- **Naranjilla,** eficaz en promover el sueño, ver **descripción planta.**

- **Naranjo amargo,** con las flores se prepara el agua de azahar que se utiliza como sedante para facilitar el sueño, ver **descripción de la planta.**

- **Nenúfar,** las infusiones de las semillas o de la raíz, ayudan librarse de algunos problemas del sistema nervioso central contra el insomnio. El extracto mejora el sueño, ver **descripción de la planta.**

- **Nuez moscada,** ayuda su consumo a vencer el insomnio, incluso el masaje con su aceite esencial antes de acostarse, ver **descripción de la planta.**

- **Ñame silvestre,** para tratar el insomnio, ver **descripción planta.**

- **Oreja de oso,** la tintura se aplica para el insomnio, ver **descripción de la planta.**

- **Oroval,** utilizada la infusión de la corteza de la raíz es sedante y narcótica en caso de insomnio, **precaución,** ver **descripción de la planta.**

- **Pasiflora,** una de las plantas más reputadas como remedio por su acción somnífera, con la virtud de provocar un sueño muy semejante al fisiológico y un despertar rápido, completo, sin consecuencias de depresión, postración o desconcierto psíquico, ver **descripción de la planta,** forma de uso **VII.**

- **Patata,** contiene **Colina,** nutriente muy importante y versátil de las patatas, ayudando a **conciliar el sueño**, ver **descripción planta.**

- **Pepino,** contiene grandes cantidades de vitamina B1, con un buen efecto de calmar los nervios y tratar el insomnio, ver **descripción de la planta.**

- **Pimiento rojo,** contiene **vitamina B6 y Magnesio,** combinación que **reduce el insomnio**, ver **descripción de la planta.**

- **Poleo menta,** una infusión es excelente para relajar el cuerpo, combatir los problemas para dormir, ver **descripción de la planta.**

- **Primavera,** planta que se emplea tradicionalmente contra el insomnio, ver **descripción de la planta,** forma de uso **VII.**

- **Reishi,** se usa para tratar el insomnio, **precaución,** ver **descripción de la planta.**

- **Salvia,** ver **en Hinojo,** ver **descripciones de las plantas.**

- **Schizandra,** fruta en ayuda a mejorar el sueño, ver **descripción de la planta.**

- **Sófora,** se utiliza contra el insomnio, **precaución con la dosis,** ver **descripción de la planta.**

- **Sombrerera,** se utiliza la infusión para combatir el insomnio, **precaución,** ver **descripción de la planta.**

- **Tanaceto,** la infusión, en estudios científicos se ha demostrado que es un método eficaz para mejorar el sueño, ver **descripción de la planta.**

- **Té rooibos,** por sus cualidades relajantes, **nos ayuda a dormir mejor por las noches**. No **contiene Teína,** en caso de **insomnio,** se trata de una infusión que nos aporta Magnesio, un nutriente esencial que nos ayuda a relajar nuestros músculos, ver **descripción de la planta.**

- **Tila,** al igual que la Valeriana, favorece el descanso nocturno, ayuda a conciliar el sueño, reduce los estados de nerviosismo que impiden dormir. Una infusión antes de acostarse es uno de los remedios más eficaces contra el insomnio, y como calmante del sistema nervioso también la convierte en un remedio, ver **descripción de la planta.**

- **Tila alpina,** buena aliada para recuperar o crear buenos hábitos de sueño. Tomar al menos una hora antes de la hora establecida para dormir, procurar que siempre sea la misma hora su propiedad relajante del sistema nervioso induce el sueño, su acción es leve. Por tanto, es ideal para cuando se tiene un caso aislado de falta de sueño, ver **descripción de la planta.**

- **Trébol rojo,** para el insomnio la infusión se toma 1 hora antes de ir a dormir, ver **descripción de la planta.**

- **Vainilla,** sirve de ayuda a problemas insomnio como sedante, ver **descripción de la planta**

- **Valeriana,** ver en Hinojo, ver **descripciones de las plantas.**

- **Vid,** hervir sus hojas secas, en infusión, con una cucharadita de postre por taza de agua durante 10 minutos. Reposar 10 minutos más y tomar cada ¼ de hora 1 cucharada, como sedante se usa en los estados de insomnio, ver **descripción de la planta.**

- **Violeta,** se utiliza para combatir el insomnio, ver **descripción de la planta,** forma de uso **VII.**

- **Ylang Ylang,** sirve para relajar en situaciones de malos sueños, **precaución,** ver **descripción de la planta.**

Jaquecas

- **Aspérula,** es un buen sedante, hipnótico y calmante **de efectos probados contra** la jaqueca, ver **descripción de la planta,** forma de uso **VII.**

- **Cedrón o Hierbaluisa,** la infusión se utiliza para tratar las jaquecas, ver **descripción de la planta.**

- **Clavo,** contra la jaqueca, ver **descripción de la planta,** forma de uso **IV.**

- **Escaramujo,** la infusión ayuda en los casos de jaqueca, ver **descripción de la planta,** forma de uso **VII.**

- **Mandioca o Yuca,** las poderosas propiedades de las raíces son antiinflamatorias, ayudando en el tratamiento del dolor general asociado con la jaqueca, ver **descripción de la planta.**

- **Mejorana,** se utiliza para aliviar las jaquecas, ver **descripción de la planta.**

- **Niaoulí,** mezclado con algún aceite vegetal de base se usa para masajear la nuca o las sienes en caso de jaquecas, ver **descripción de la planta.**

- **Romero,** para tratar **Jaquecas asociadas** a la **Disquinesia hepatobiliar,** ver **descripción de la planta**, forma de uso **VII (1).**

- **Verónica,** se utiliza para aliviar las **jaquecas de origen digestivo,** ver **descripción de la planta**.

- **Vid,** para las jaquecas se utiliza las hojas en infusión, realizada con una cucharadita de postre de hojas secas por taza de agua durante 10 minutos. Dejar reposar 10 minutos, tomar cada ¼ de hora una cucharada, ver **descripción de la planta**.

Migrañas

- **Acerola,** de propiedades analgésicas y anti-inflamatorias, debido a las antocianinas, cualidad que ayuda a curar migrañas, como la Aspirina e Ibuprofeno, ver **descripción de la planta**.

- **Árbol de Tilo,** se utiliza en infusión para aliviar las migrañas, ver **descripción de la planta,** forma de uso **VII.**

- **Asafétida,** la migraña se ha convertido en un parte de nuestra vida actual, disolver un poco de Asafétida en agua y beber, ver **descripción de la planta.**

- **Ginkgo Biloba,** se utiliza la infusión para los episodios de migrañas severas, ver **descripción de la planta.**

- **Hierba de san Pedro,** es útil para tratar problemas de migrañas, ver **descripción de la planta,** forma de uso **VII.**

- Hipérico, la infusión normal, hervir 3 minutos, reposar 5 minutos, colar y beber de 2 a 3 tazas diarias. También polvo encapsulado para las migrañas, ver **descripción de la planta.**

- Jengibre, inhibe los efectos de la Prostaglandina, sustancia causante de inflamar los vasos sanguíneos del cerebro, tomar en infusión, ver **descripción de la planta.**

- Kava, la infusión, **bajo control facultativo,** se utiliza para déficit de atención, y migrañas, **precaución,** ver **descripción de la planta.**

- Kudzu, interesante en caso de migrañas, ver **descripción planta.**

- Levístico o Apio del monte, se utiliza contra la Hemicranea (desorden caracterizado por ataques de migraña diarios, crónicos y limitados en un lado de la cabeza que no se extienden al otro), ver **descripción de la planta.**

- Mandioca o Yuca, las poderosas propiedades de las raíces son antiinflamatorias, ayudan en el tratamiento del dolor general asociado con la migraña, ver **descripción de la planta.**

- Margarita, combate las migrañas, **precaución,** ver **descripción de la planta.**

- Menta, el efecto antiséptico y antiviral que tiene su origen en el contenido en Polifenoles, hacen al extracto un remedio eficaz contra las migrañas aplicando el aceite esencial en la zona afectada (frente y sienes), ver **descripción de la planta.**

- Niaoulí, mezclar con algún aceite vegetal de base y masajear la nuca o las sienes en caso de migrañas, ver **descripción de la planta.**

- Nuez de Cola, su aceite (Argan Web) se recomienda para paliar los síntomas de la migraña. Importante **consultar a médico especialista antes de usar,** ver **descripción de la planta.**

- **Ñame silvestre,** contra las cefaleas y migrañas habituales, ver **descripción de la planta.**

- **Pasiflora,** es adecuada para las migrañas, incluso en las neuralgias, ver **descripción de la planta,** forma de uso **VII.**

- **Plátano,** junto al Tomate de árbol, es considerado como una de las frutas que contribuye a curar migrañas y cefaleas severas. Durante 10 días, 1 ½ h. antes del desayuno, comer un Plátano bien maduro con un vaso de agua. A partir del 11, tomar jugo de Tomate de árbol en agua hasta el día 20. Repetir dos veces, ver **descripciones de las plantas.**

- **Sanguinaria del Canadá,** ideal contra las migrañas, **precaución,** ver **descripción de la planta,** forma de uso **VII.**

- **Sauce blanco,** en infusión o en cápsulas puede ayudar a aliviar los dolores de migrañas, ver **descripción de la planta.**

- **Tanaceto,** estudios científicos han demostrado que es eficaz contra las migrañas. Hervir en 300 ml de agua con 5 gr. de hojas, 10 minutos. Tapar y reposar, tomar a diario durante una semana y descansar dos, y volver a tomar otra semana y así sucesivamente. También hervir en un litro de agua 50 gr. de flores y tallos 10 minutos. Tapar y reposar, empapar un paño, aplicar sobre la frente y dejar puesta hasta aliviar, ver **descripción de la planta.**

- **Tila alpina,** la infusión actúa como relajante, **solo como efecto secundario de malestar digestivo,** ideal para mejorar síntomas como dolores de cabeza o migrañas, ver **descripción de la planta.**

- **Tomate de árbol,** considerado como una de las frutas que contribuyen a curar migrañas y cefaleas severas, ver **en Plátano,** ver **descripciones de las plantas.**

- **Verbena,** se utiliza contra las migrañas, ver **descripción de la planta,** forma de uso **VII (3).**

- Violeta, las infusiones y decocciones alivia las migrañas, ver **descripción de la planta,** forma de uso **VII.**

- Finalmente, se describen las plantas que solo es preciso la **infusión simple para ingerir o el consumo,** en este caso contra los dolores crónicos de cabeza o migrañas:

Angélica, Escutelaria azul, Melisa, Pie de león, Sombrerera, Tila, Trébol acuático.

También **se puede potenciar** con plantas diferentes para la misma dolencia, pero es conveniente **recordar siempre** la perfecta utilización de cada planta utilizada **según su descripción,** por si existiese alguna **interacción con fármacos o posibles contraindicaciones.**

Sedantes - Nerviosismo

- Achicoria, en infusión, una taza antes de cenar calma cuadros de nerviosismo, ver **descripción de la planta,** forma de uso **VII.**

- Agripalma, en infusión se la atribuye una acción sedante superior a la Valeriana, ver **descripción de la planta,** forma de uso **VII.**

- Ajo, el consumo de 4 ajos al día, ayuda a reducir la ansiedad y los nervios, **precaución,** ver **descripción de la planta.**

- Ajuga iva, la infusión es beneficiosa en caso de enfermedades del sistema nervioso en general, ver **descripción de la planta.**

- Alcachofa, consumir para el nerviosismo, ver **descripción de la planta,** forma de consumo **VIII.**

- Amapola, la infusión de **las semillas aporta beneficios** por su contenido en determinados alcaloides que ayudan a la hora de **calmar los nervios,** y a la hora de relajar nuestro sistema nervioso. El consumo regular y diario de semillas de amapola son especialmente aconsejadas ante situaciones de estrés y ...**Continúa**

... problemas de sueño, actuando como un **sedante**, ver **descripción de la planta,** formas de consumo **VIII.**

- **Ambay,** la infusión, como sedante y espasmódico, **calma las palpitaciones** y trastornos nerviosos, ver **descripción de la planta,** forma de uso **VII.**

- **Angélica,** la infusión de las hojas actúa como analgésico en las **alteraciones nerviosas**, ver **descripción de la planta.**

- **Árbol de sándalo,** el aroma de sándalo mejora la respiración, favorece la meditación y creatividad, calma los **sentimientos de pánico,** ver **descripción de la planta.**

- **Árbol de Tilo,** en infusión se emplea contra los **espasmos,** insomnio, **histerias, hipocondrías,** nervios, como sedante y ligeramente hipnótico, tomar antes de acostarse, ver **descripción de la planta,** forma de uso **VII.**

- **Aromita o Espinillo,** el té de Espinillo tiene propiedades sedantes para múltiples dolencias, ver **descripción de la planta.**

- **Arroz,** su consumo equilibra el sistema nervioso, ver **descripción de la planta.**

- **Asafétida,** ayuda contra las enfermedades nerviosas como la **histeria, convulsiones, síncope** y otros trastornos, ver **descripción de la planta.**

- **Ashwagandha,** como sedante, al tener efecto sedativo en el sistema nervioso central, ver **descripción de planta,** forma de uso **VII.**

- **Aspérula,** en infusión, es un buen sedante e hipnótico como calmante, de efectos probados, se puede utilizar en situaciones de nerviosismo, **recomendable usar solo personas mayores,** ver **descripción de la planta,** forma de uso **VII.**

- **Avellana,** útil para el sistema nervioso, y necesarias para la creación de la Mielina que aumenta la eficiencia de los impulsos nerviosos, ver **descripción de la planta.**

- **Ayahuasca,** sirve como sedante para el tratamiento del Párkinson, posee grandes cualidades como sedante y narcótico, **empleado con moderación** puede combatir distintas afecciones, incluido la abstinencia de la cocaína, ver **descripción de la planta,** forma de uso **VII.**

- **Azafrán,** complemento para aquellos que sufren de nervios. Debido a sus sustancias sedantes y aromáticas, ayuda a combatir la ansiedad y el nerviosismo, ver **descripción de la planta.**

- **Beleño negro,** los alcaloides de esta planta le dan excelentes propiedades como sedante, **debe ser utilizado con extrema precaución, y solo bajo prescripción médica,** ver **descripción planta.**

- **Benjuí,** se utiliza como calmante y sedante de modo interno o de forma externa en: pomadas, jabones, tinturas, aceite esencial, ver **descripción de la planta.**

- **Boldo,** la infusión es un excelente relajante. Tomar una taza pequeña antes de dormir, **precaución,** ver **descripción de la planta.**

- **Borraja,** la infusión regula los trastornos nerviosos y el aceite esencial favorece el funcionamiento del sistema nervioso, ver **descripción de la planta,** forma de uso **VII.**

- **Brezo,** se utiliza como sedante ayudando a **calmar estados de nervios,** estrés, ansiedad, ver **descripción de la planta.**

- **Cacao,** estimula el sistema nervioso, ver **descripción de la planta.**

- **Café o cafeto,** su consumo **podría proteger el Párkinson** en algunos casos, ver **descripción de la planta.**

- **Calaguala,** para los trastornos nerviosos, el insomnio y estrés, **en infusiones o como agua bebida regularmente**, ver **descripción de la planta,** forma de uso **VII.**

- **Calamento,** tomar **solo 1 gota de la esencia, por vía oral, como sedante,** contra el insomnio o estrés, ver **descripción de la planta.**

- **Cálamo aromático,** el cocimiento del rizoma es excelente para tomar un baño, personas que sufren de problemas del sueño, y **muy útil para los nervios**, ver **descripción de la planta,** forma de uso **VII.**

- **Cártamo,** como calmante se utiliza **para tratar casos de histeria que se relacionan con la Clorosis,** ver **descripción de la planta.**

- **Cedrón o Hierbaluisa,** en infusión se utiliza para relajar y tonificar los nervios, ver **descripción de la planta.**

- **Chachacoma**, de acción muy marcada en todas las **enfermedades de origen nervioso,** ver **descripción de la planta,** forma de uso **VII.**

- **Corydalis cava,** como sedante nervioso, **precaución,** como tratamiento complementario a la enfermedad de Parkinson, ver **descripción de la planta.**

- **Encina,** como sedante ayuda a disminuir los **tics nerviosos, convulsiones** y síntomas de estrés, ver **descripción de la planta.**

- **Escarola,** su alto contenido en vitamina C, y Potasio ejerce una influencia positiva en el sistema nervioso central, ver **descripción de la planta.**

- **Escutelaria azul,** alivia la **demencia** por sus beneficios sobre el sistema nervioso, ver **descripción de la planta.**

- **Escutelaria china,** la infusión de 3 o 4 ramitas de frescas, tres veces al día, es buena para el **agotamiento nervioso y la excitabilidad,** ver **descripción de la planta.**

- **Espino albar o Majuelo,** las flores son excelentes como sedante, la tisana se realiza con un puñadito de flores en agua hirviendo. Enfriar, colar y beber a sorbos una taza en el almuerzo y otra en la cena. Esta medicación no ofrece peligro alguno y puede prolongarse cuanto se quiera, ver **descripción de la planta.**

- **Estafisagria,** indispensable por causa de **la adicción al sexo o al onamismo.** Puede curar, la **hipocondría y el histerismo** que tienen su punto de partida en los órganos sexuales debidos a excesos libidinosos cuyas consecuencias son profundamente debilitantes, y contra las neurosis causadas por emociones morales enervantes por excitaciones que parten del interior, ver **descripción de la planta.**

- **Estragón,** es sedante tomando una cucharadita de estragón, seco, por taza de agua en infusión (se puede tomar a discreción) o añadirlo fresco y picado muy fino a las comidas, ver **descripción de la planta.**

- **Garbanzo,** el consumo por su elevado contenido en Magnesio, Fósforo y vitaminas del grupo B, son adecuados en situaciones nerviosismo, ver **descripción de la planta.**

- **Gatera,** la infusión contra el nerviosismo, ver **descripción planta.**

- **Gelsemio,** se utiliza para calmar el sistema nervioso, ver **descripción de la planta.**

- **Girasol,** entre sus componentes, la Tiamina (vitamina B1) permite evitar problemas del **sistema nervioso y la fatiga crónica,** ver **descripción de la planta.**

- **Gordolobo,** ingerir como té se puede conseguir relajación, por su ligero efecto sedante, ver **descripción de la planta,** forma de uso **VII.**

- **Granadilla,** utilizada como un tranquilizante natural, se recomienda su consumo para la estabilización nerviosa, ver **descripción de la planta.**

- **Graviola,** las hojas mascadas, tienen un alto poder sedativo, sirve para **calmar los nervios** y el estrés, ver **descripción de la planta.**

- **Grosellero negro,** las bayas son ricas en vitaminas del grupo B, y en magnesio, **muy beneficiosas para el sistema nervioso**, ver **descripción de la planta.**

- **Guamá candelón,** se utiliza como sedante del sistema nervioso, tiene ventaja sobre el opio, al no producir pesadez, ver **descripción de la planta.**

- **Guaraná,** produce un estado de tranquilidad, a pesar de tener mucha cafeína, se utiliza para aliviar todo tipo de dolores, ver **descripción de la planta.**

- **Guisante,** sus vitaminas del tipo B, la hacen imprescindibles para el correcto funcionamiento del sistema nervioso, ver **descripción de la planta.**

- **Heliotropo,** la raíz, es valorada por sus propiedades relajantes, **precaución,** ver **descripción de la planta,** forma de uso **VII.**

- **Hidrocotyle,** su utilización es muy eficaz como tónico y regenerador de los nervios, **siendo de acción sedante en:** síndromes delirantes crónicos, paranoia, psicosis esquizofrénica, desordenes psicóticos, agitación nerviosa, alucinosis alcohólica, trastornos maníacos y sus manifestaciones, ver **descripción de la planta.**

- **Hiedra común,** las hojas como anti neurálgicas, ver **descripción de la planta.**

- **Hierba de san Pedro,** ayuda en trastornos de neuralgias, ver **descripción de la planta,** forma de uso **VII.**

- **Hipérico,** la infusión normal, hervir 3 minutos, reposar 5 minutos, colar y beber de 2 a 3 tazas diarias. También en polvo encapsulado como sedante, ver **descripción de la planta.**

- Incienso aromático, utilizado con Lavanda relaja y calma, **solo quemado,** ver **descripción de la planta.**

- Índigo o Añil, se ha comprobado la efectividad del Añil como antiepiléptico, depresor del sistema nervioso central, y antibiótico, **precaución,** ver **descripción de la planta.**

- Jara, cabe destacar su acción sedante del sistema nervioso, en infusión, **precaución,** ver **descripción de la planta,** forma de uso **VII.**

- Jazmín, estudios han demostrado que **el aroma** de Jazmín puede producir un **efecto calmante** que serena los sentidos, ver **descripción de la planta.**

- Kalonchoe, se utiliza para las enfermedades psicológicas: **esquizofrenia, crisis de pánico y miedos,** ver **descripción de planta.**

- Kava, utilizar la infusión **bajo control facultativo,** su propiedad más destacada es relajar e inducir tranquilidad en los nervios alterados y, contra la hiperactividad (TDAH), epilepsia, psicosis, **precaución,** ver **descripción de la planta.**

- Kudzu, se recomienda utilizar como relajante del sistema nervioso parasimpático, ver **descripción de la planta.**

- Lavanda, como tónico puede ayudar en condiciones del sistema nervioso. También el Sándalo de Lavanda. El aceite en uso tópico ayuda en varios **problemas** relacionados **con la demencia,** ver **descripción de la planta.**

- Lechuga virosa, machacar los tallos de la Lechuga y exprimir después el zumo a través de un lienzo. Se deja cuajar al sol. Dosis de 5 a 10 gr. cuando se desea calmar un **estado de excitabilidad, precaución,** ver **descripción de la planta.**

- Lobelia, actúa como tónico nervioso al ser sedante y narcótica, es considerado uno de los relajantes sistémicos más eficaces. Brinda una combinación integral de estimulación y relajación ...**Continúa**

... para tratar la inflamación y los **trastornos convulsivos como:** la epilepsia, convulsiones histéricas, **precaución,** ver **descripción de la planta.**

- **Loto,** la infusión se utiliza como relajante, ver **descripción planta.**

- **Lúpulo,** entre sus propiedades destaca su acción relajante y sedante, ver **descripción de la planta,** forma de uso **VII.**

- **Maca,** para las funciones corporales y **metabólicas esenciales como:** la fisiología del sistema nervioso. Es analgésico gracias a los Terpenoides y Saponinas que actúan como sedante, ver **descripción de la planta.**

- **Marrubio,** se utiliza la infusión para los trastornos nerviosos, ver **descripción de la planta.**

- **Martagón,** las flores y los bulbos en infusión son eficaces como sedante en enfermedades y trastornos del sistema nervioso, ver **descripción de la planta.**

- **Mejorana,** es levemente sedante para la excitación nerviosa, tomar una cucharada pequeña de mejorana por taza, 3 veces o más al día, ver **descripción de la planta.**

- **Melisa,** es ligeramente hipnótica y sedante, resulta eficaz para combatir estados nerviosos, **hiperactividad, irritabilidad,** ver **descripción de la planta.**

- **Melocotón,** recomendable para tratar los casos de neurosis, por tener la capacidad de **proteger las células nerviosas,** ver **descripción de la planta.**

- **Melón,** comiendo sólo melón durante 24 horas o, **desayunando melón durante una semana** se puede limpiar el cuerpo ayudando a disminuir los nervios, ver **descripción de la planta.**

- **Membrillo,** se utiliza para combatir los problemas y enfermedades del sistema nervioso, ver **descripción de la planta.**

- **Menta,** es de efecto vasocontrictor y vasodilatante, ejerciendo de anestésico, aplicado sobre la piel genera una **sensación de relajación**, ver **descripción de la planta.**

- **Menta japonesa,** eficaz para tratar la tensión nerviosa, ver **descripción de la planta.**

- **Mentastro,** utilizado en infusión, es eficaz como sedante, ver **descripción de la planta.**

- **Mimosa,** es calmante y reductor de los nervios, ver **descripción de la planta.**

- **Mirra,** en infusión, al ser sedante, relaja y mejora el descanso, ver **descripción de la planta.**

- **Mirto,** se emplea como sedante por sus compuestos, ver **descripción de la planta,** forma de uso **VII.**

- **Mostaza blanca,** eficaz en tratamiento de neuralgias, ver **descripción de la planta.**

- **Muira puama,** trata desórdenes del sistema nervioso, ver **descripción de la planta.**

- **Naranjo dulce,** la infusión proporciona una solución en casos de **epilepsia y situaciones de histeria,** ver **descripción de la planta.**

- **Nenúfar,** con las semillas es posible eliminar algunos problemas del sistema nervioso central. Se recomiendan con frecuencia para la lucha contra hechos más frecuentes y los cargamentos excesivos psicológicos. El aceite se usa ampliamente para la tensión nerviosa, ver **descripción de la planta.**

- **Nueces,** su consumo **nutre el sistema nervioso** y mantiene sus funciones en buen estado, ver **descripción de la planta.**

- **Nuez moscada,** en las comidas espolvoreadas o el masaje con su aceite esencial, es eficaz como calmante, y ayuda a inducir el sueño, ver **descripción de la planta.**

- **Ñame silvestre o Batata,** para la **irritabilidad, cambios humor,** ver **descripción de la planta.**

- **Olmo,** es utilizado en infusión como buen calmante, ver **descripción de la planta,** forma de uso **VII.**

- **Onagra,** efectiva en **problemas psiquiátricos como:** la esquizofrenia y la demencia causada por la vejez, ver **descripción de la planta.**

- **Orégano,** como sedante puede ayudar en la prevención de la enfermedad de Parkinson, ver **descripción de la planta,** forma de uso **VII.**

- **Oreja de oso,** se utiliza su tintura se aplica en las enfermedades del sistema nervioso, ver **descripción de la planta.**

- **Oroval,** la infusión de la corteza de la raíz como sedante y narcótica se utiliza contra la **neuralgia de trigémino, precaución,** ver **descripción de la planta.**

- **Paraguaya,** ayuda a impedir los estados de nerviosismo, ver **descripción de la planta.**

- **Pareira brava,** útil en caso de trastornos mentales, **epilepsia, delirio, convulsiones, precaución,** ver **descripción de la planta.**

- **Pasiflora,** ideal para personas sometidas a tensión nerviosa, ver **descripción de la planta,** forma de uso **VII.**

- **Pepino,** con gran cantidad de vitamina B1, es beneficioso para mejorar el sistema nervioso con buen efecto calmante, ver **descripción de la planta.**

- **Perilla,** sirve para disminuir la **agresividad, violencia**, ver **descripción de la planta.**

- **Pimiento amarillo,** se utiliza para mejorar el funcionamiento del sistema nervioso, ver **descripción de la planta.**

- **Pimiento verde,** su contenido en Magnesio es bueno para el funcionamiento de los nervios, ver **descripción de la planta.**

- **Pistacho,** favorece las funciones del sistema nervioso al jugar un papel crucial en la formación de la Mielina en la vaina aislante. También favorece la síntesis de la Serotonina, Melatonina, Epinefrina y Ácido Gamma-Aminobutírico (GABA), un aminoácido que induce a la calma del sistema nervioso, ver **descripción de la planta.**

- **Plátano,** por su contenido de vitamina B, son muy buenos para calmar el sistema nervioso, no dudar comer plátanos como merienda, ver **descripción de la planta.**

- **Podagraria,** la infusión es sedante, ver **descripción de la planta.**

- **Polen,** es eficiente contrarrestando situaciones de agotamiento psíquico, por su efecto tonificante y estimulante al regular el sistema nervioso, ver **descripción del Polen,** forma de uso **VIII.**

- **Poleo menta,** sus **propiedades sedantes** hacen que sea una infusión excelente para relajar el cuerpo y combatir síntomas de nerviosismo, ver **descripción de la planta.**

- **Polygala senega,** la infusión se utiliza para atenuar las **palpitaciones cardíacas** de origen nervioso, **precaución,** ver **descripción de la planta.**

- **Primavera,** tiene propiedades que calman y regularizan la actividad nerviosa, ver **descripción de la planta,** forma de uso **VII.**

- **Reseda,** las hojas y flores, maceradas en vino se usa **contra la histeria,** 1 copita diaria, ver **descripción de la planta.**

- **Rosal,** la infusión reduce la tensión nerviosa, calma las emociones y alivia **sentimientos de pesar, celos y resentimiento**, ver **descripción de la planta.**

- **Ruda,** puede ayudar a relajarnos al tener un efecto calmante del sistema nervioso, **precaución,** ver **descripción de la planta.**

- **Salvia romana,** se utiliza para el nerviosismo, mezclar y usar como fragancia o inhalar del frasco, según se requiera, ver **descripción de la planta,** forma de uso **VII (2).**

- **Saponaria,** se utiliza para el **histerismo, la epilepsia, precaución,** ver **descripción de la planta.**

- **Sésamo,** su aceite es muy rico en Magnesio, se usa como **fortalecedor del sistema nervioso,** utilizado con **precaución,** ver **descripción de la planta.**

- **Sombrerera,** la infusión se utiliza en los trastornos nerviosos, **precaución,** ver **descripción de la planta.**

- **Sumbul,** buen sedante para el **histerismo,** ver **descripción planta.**

- **Té de labrador,** se utiliza como sedante, al ser narcótico **solo bajo control médico,** ver **descripción de la planta.**

- **Té de roca,** la infusión es un excelente tonificador nervioso, al no contener Teína otorga un efecto sedante y relajante, ver **descripción de la planta.**

- **Té rooibos,** ante mucho nerviosismo **relaja nuestro organismo y nuestra mente,** ver **descripción de la planta.**

- **Té verde,** sus propiedades pueden servir para ayudar en el tratamiento de **Parkinson,** ver **descripción de la planta.**

- **Tila,** de efecto sedante, puede producir somnolencia en algunas personas, pero no es lo habitual, ya que su acción no es tan potente como para interferir en la vida diaria, ver **descripción de la planta.**

- **Trébol rojo,** útil en el tratamiento de los nervios, ver **descripción de la planta.**

- **Tronadora,** de propiedades analgésicas, por lo que actúa de calmante y sedante intenso, para relajar las alteraciones nerviosas, ver **descripción de la planta.**

- **Vainilla,** de efectos calmantes y sedantes, ver **descripción planta.**

- **Valeriana,** se utiliza como sedante y relajante, **reduciendo el nerviosismo y la agitación,** ver **descripción de la planta.**

- **Verbena,** se utiliza como sedante, ver **descripción de la planta,** forma de uso **VII (2).**

- **Vetiver,** como sedante en infusión, sirviendo para relajar y calmar las situaciones de fuertes tensiones, ver **descripción de la planta.**

- **Vid,** las hojas en infusión se realizan con una cucharadita de postre de hojas secas por taza de agua, durante 10 minutos. Reposar 10 minutos y tomar una cucharada cada ¼ h., como sedante se usa en los estados nerviosos e **hiperexcitación, neurastenia, neurosis,** ver **descripción de la planta.**

- **Violeta,** como sedante alivia la tensión nerviosa, estrés y la **histeria,** ver **descripción de la planta,** forma de uso **VII.**

- **Ylang Ylang,** mediante masajes, relaja en situaciones de estrés, **pánico,** malos sueños, **timidez excesiva,** ataques de nervios, **sentimientos de ira,** la tensión y la **irritabilidad nerviosa, precaución,** ver **descripción planta.**

Edulcorantes

La **glucosa** es uno de los principales ingredientes que más **energía** aporta a nuestro organismo. El cerebro absorbe el 20% de la glucosa que se ingiere, nutre el **sistema nervioso sirviendo** para un perfecto desarrollo **físico y mental.**

- **Su consumo** permite reponer los depósitos de **glucógeno** de **músculos e hígado,** ayuda a **conciliar el sueño** gracias a su efecto relajante.

- **Su carencia** aumenta el apetito y **puede producir ansiedad,** siendo necesario una dosis diaria de glucosa, bien sea en repostería o fruta, pero con un **consumo moderado** para evitar otros problemas por el exceso de su ingesta.

- **Se recomienda** edulcorantes de bajo poder glucémico, **de menos del 5%,** en personas con **problemas de caríes,** sobre todo en **los menores, en diabéticos,** realizando dietas, **problemas de colesterol,** preferiblemente recomiendo **el azúcar de Abedul de 0,2%** o la **Stevia, sin nada de azúcar,** aunque de un ligero sabor a regaliz.

- **Los edulcorantes** pueden hacer la función de **enmascarar** el sabor de ciertas **infusiones,** u optar por cualquier otra planta: como Menta, una gota de Vainilla, Canela **(ver siempre posibles contraindicaciones o interacciones). Algunos adultos no soportan ciertas infusiones,** les aconsejo una solución parecida, aunque **lo mejor es sin edulcorar.**

Algunos tipos de Edulcorantes

- **Abedul,** existe un azúcar hipoglucemiante, con 0,2 gr. de azúcar, muy interesante para los diabéticos o dietas, ver **descripción planta.**

- **Agave tequilana,** con sus hojas se puede elaborar un sirope que sirve como edulcorante. Existen diferentes preparados siendo extremadamente dulces empleando solo unas gotas, pudiéndose encontrar uno de bajo poder glucémico, ideal para menores, personas con dietas y los diabéticos, ver **descripción de la planta.**

- **Alerce,** en verano las hojas sudan un líquido que se emplea para endulzar, beneficioso para personas con diabetes, ver **descripción de la planta.**

- **Arce,** excelente edulcorante es el empleo de su miel (conocida también como miel de Maple), sirope extraído por la evaporación de la savia del árbol, contiene una gran cantidad de azúcares simples y tan solo un 0,7% de minerales. **Contraindicado para diabéticos y personas intolerantes a la glucosa,** ver **descripción de la planta.**

- **Arroz,** como edulcorante se utiliza la melaza, al tratarse de un producto fermentado, su digestibilidad es mayor, y contiene al igual que el azúcar de caña integral, cierta cantidad de vitaminas y minerales provenientes de dichos cereales. Además, si han sido elaboradas con temperaturas inferiores a los 70º, contienen propiedades enzimáticas por lo que es importante conseguirlas de buena calidad. Endulzan algo menos que el azúcar y son bastante suaves al paladar. Sin duda es un **buen sustituto del azúcar blanco** (completamente carente de nutrientes), sobre todo para la población infantil. Existe un **sirope de arroz** en el mercado, ver **descripción de la planta.**

- **Caña de azúcar,** el azúcar integral de caña es uno de los edulcorantes más ricos en vitaminas y minerales. **Considerar que incluso el exceso de este azúcar es perjudicial para la salud dental.** Varía las condiciones **cuando se utiliza en jugo,** es importante consumir el jugo lo más pronto al extraer, tiende a oxidarse en 15 minutos. El azúcar se obtiene evaporando el jugo de la caña por calentamiento o liofilización, **de todos los tipos de azúcar es el más saludable, pues contiene algunos minerales y vitaminas cuando se respeta el proceso artesanal de fabricación.**
El verdadero azúcar de caña integral no es marrón, sino que tiene un color ligeramente tostado y se apelmaza con facilidad al contacto con la humedad. **Lo encontraremos en tiendas especializadas en productos biológicos.** El que habitualmente se vende en hipermercados está lleno de aditivos, no tiene nada que ...**Continúa**

... ver con el de verdad. Ni el color, ni la textura, ni sus propiedades, ni el procedimiento de obtención industrial. También existe **melaza de caña** en tiendas especializadas. **Contraindicada para diabéticos y personas intolerantes a la glucosa,** ver **descripción de la planta,** forma de uso **X.**

- Cebada, la melaza se obtiene igual y con idéntico beneficio que la del arroz como edulcorante. Sin duda es un buen sustituto del azúcar blanco (completamente carente de nutrientes), sobre todo para la **población infantil,** ver **descripción de la planta.**

- Cebolla, se puede realizar una melaza de cebolla como edulcorante, se obtiene igual que la del arroz, por medio de la decocción. Buen sustituto del azúcar blanco (completamente carente de nutrientes), sobre todo importante para la **población infantil,** ver **descripción de la planta.**

- Coco, existe un azúcar de coco, ver **descripción de la planta.**

- Fresa, existe un sirope de fresa ideal para los más pequeños, y con más alimento que el azúcar refinado, sirve para variar el sabor de cualquier medicina o bebida que deba tomar, ver **descripción planta.**

- Helecho polipodio, el sabor de la raíz es dulce (contiene sacarosa), puede ser utilizada sin ningún inconveniente como edulcorante. Existe en forma de polvo. Deben **consultar al médico o especialista** los **diabéticos,** ver **descripción de la planta.**

- Higo chumbo / Tuna, existe un azúcar de tuna, y una melaza edulcorante ideal para las dietas al contener un 67% menos calorías que el azúcar. **Los diabéticos,** mejor consultar sobre los diferentes preparados, ver **descripción de la planta.**

- Manzana, existe un sirope de manzana ideal para los más pequeños, y con más alimento que el ...**Continúa en página siguiente**

... azúcar refinado, sirve para variar el sabor de cualquier medicina o bebida, ver **descripción de la planta.**

- **Miel,** la miel puede contener en su composición hasta 150 elementos diferentes, edulcorante muy natural y delicioso, pero se debe consumir con moderación, **solo mayores de 1 año**, ver **descripción de la Miel.**

Stevia, utilizada como edulcorante es ideal contra las caries y para los diabéticos al no contener azúcar, siendo importante en cualquier dieta por su bajo contenido en calorías, ver **descripción de la planta.**

Forma de uso plantas con la letra A

- **Achicoria,** la infusión de **sus hojas y raíces,** en uso tópico, por sus propiedades medicinales, se utiliza para vendajes y cataplasmas sobre heridas, contusiones, acné, forúnculos y cortes que necesiten sanar, ver **descripción de la planta.**

- **Agripalma,** ver **descripción de la planta.**
- Se utilizan las sumidades floridas empleadas preferentemente frescas. Las hojas secas ennegrecen y pierden su eficacia medicinal. Hervir, reposar 10 minutos, colar y beber templado, **sin endulzar.**
- **VII - Infusión:** como tónico se realiza con 30 a 50 gr. de sumidades floridas en un litro de agua hirviendo. Colar y tomar 3 tazas al día. También se puede utilizar en uso tópico.
- **VII - Tisana:** contra las palpitaciones o taquicardia. 150 gr. de hojas, 50 gr. de raíz de valeriana y 100 gr. de hojas de romero. Hervir en un litro de agua durante 5 minutos. Filtrar y beber varios días, una taza muy caliente por la noche antes de acostarse.
- **VII - Como calmante:** dos cucharadas grandes de agripalma en 250 gr. de agua hirviendo. Reposar, colar y beber.

- **Alcachofa,** comer las alcachofas **cocidas y beber el líquido resultante,** sus propiedades son muy depurativas. También cruda o en zumo exprimiendo 1 cucharadita de sus hojas finamente cortadas, ½ bulbo de Hinojo, 4 hojas verdes de Diente de león, 4 tallos de Apio, ½ Calabacín, y diluir con un poco de agua mineral, ver **descripciones de las plantas.**

- **Amapola (semillas),** ver **descripción de la planta.**
  - **VIII - En ensaladas,** se puede añadir a ensaladas, un puñado de semillas, después de aderezada.
  - **VIII - En sopas y caldos,** hay que añadir un puñadito encima de la sopa o caldo, aportará un sabor parecido a las nueces.
  - **VIII - En yogur,** un puñadito de semillas en el desayuno o la merienda, para combatir las diarreas.
  - **VIII - Solas,** la opción más sencilla si no se quiere añadir a ningún plato, tomar 2 cucharadas soperas de semillas acompañadas de un vaso de agua o zumo natural de frutas. **Masticar bien.**

- **Ambay,** la infusión **se realiza** vertiendo 20 gr. de hojas por litro de agua hirviendo, dejar hervir 10 minutos más. Reposar y colar, se puede beber hasta 3 tazas. **Se recomienda** edulcorar al ser muy amargo, ver **descripción de la planta.**

- **Aquilea o Milenrama,** la infusión se **debe tomar** una taza 3 veces al día en casos de ansiedad, depresión, estrés o nervios, ver **descripción de la planta.**

- **Árbol de Tilo,** la infusión **se realiza** al hervir una taza de agua con un puñadito de flores del árbol o unas 6 hojitas en su defecto. Reposar 5 minutos, colar y beber. **En inhalaciones,** enjuagues o gargarismos, **sin edulcorar,** ver **descripción de la planta.**

- **Ashwagandha,** ver **descripción de la planta.**
  - **VII - La infusión,** se realiza hirviendo la raíz 15 minutos. Su sabor al ser muy amargo enmascarar con otras hierbas o frutas en la preparación. Se **encuentra en polvo** para añadir a bebidas de sabor dulce, por su ...**Continúa en página siguiente**

...

sabor amargo, aunque de esta manera es difícil cuantificar con exactitud la cantidad del principio activo que se ingiere.

- **VII - En forma de cápsulas,** es una manera de mejorar su sabor y permite cuantificar la cantidad de principio activo que se ingiere. Su efecto es lento, tomar diariamente durante algunas semanas para poder observar la plenitud de sus efectos benéficos.

- Aspérula, utilizada **como calmante,** de efectos probados, en ¼ litro de agua hirviendo, verter 1 cucharadita de postre llena de hierba seca, reposar 5 minutos. Colar y endulzar con Miel **(mayores de 1 año),** beber inmediatamente antes de ir a la cama, ver **descripción de la planta y Miel.**

- Avellano, ver **descripción de la planta.**

- **IV - Preparar una decocción** de las raíces con 30 gr. por 1 litro de agua, hervir 15 minutos, agregar ½ litro de alcohol de 40º y mezclar para realizar compresas y cataplasmas.
- **VII - La infusión se prepara** hirviendo 25 gr. de hojas por litro de agua, dejar 10 minutos, **reposar, beber (endulzar al gusto), para utilizar en uso tópico (sin edulcorar).**

- Ayahuasca, la cocción de sus hojas, tallo y semillas, tomada en infusión, es el método para los remedios descritos, ver **descripción de la planta.**

Forma de uso plantas con las letras B - C

- Borraja, se debe preparar **la infusión con una cucharada** de postre de la planta por taza de agua caliente, reposar con el líquido tapado 4 minutos, colar y beber tibia, ver **descripción de la planta.**

- Branca Ursina, la infusión **para ingerir** se prepara con un puñadito de raíces frescas en un litro de agua, tomar de 2 a 4 tazas al día. La **maceración para beber** se realiza ...**Continúa**

... vertiendo 3 cucharadas de la infusión en un vaso de agua y dejar macerar 8 h. antes de ingerir, ver **descripción de la planta.**

- **Calalagua,** ver **descripción de la planta.**
  - **VII - Como agua de tiempo o de día:** agregar una porción de raíz previamente lavada, picadas y trituradas en un litro de agua. Hervir hasta que el líquido se reduzca a la mitad para beber, endulzar al gusto.
  - **VII - Preparación de infusiones:** utilizar 20 gr. del rizoma o raíz en medio litro de agua hirviendo y beber, endulzar al gusto.

- **Cariofilada,** ver **descripción de la planta.**
  - **VII (1) - Como tónico y astringente,** hervir entre 60 - 90 gr. de raíz (o algo menos de peso si la raíz está seca) en un litro de agua. Beber de 3 a 4 tazas durante el día, endulzar al gusto.

- **Castaño, ver descripción de la planta.**
  - **VII (1) - Ingerida,** se realiza con 60 gr. de hojas o corteza por litro de agua.   Hervir 15 minutos. Colar y endulzar al gusto, beber 3 - 4 tazas diarias.

- **Cebada,** la decocción **se realiza** con cebada triturada (sémola preferiblemente). Hervir 40-50 gr. según densidad deseada, con sémola menos cantidad, durante 10 minutos en 1 ½ litro de agua con una rama de Canela. Una vez empiece a hervir, poner a fuego lento hasta que quede 1 litro aprox. Colar y utilizar, **se puede beber como agua de día,** incluso para **los biberones de los bebés** mezclado en zumo o directamente. La cebada que quede en el colador se puede aprovechar en yogures, ensaladas, papillas del bebé. **También la cebada** triturada cruda se puede añadir en cualquier guiso y cocinar a su vez **como aporte vitamínico para todas las edades,** ver **descripciones de las plantas.**

- **Chachacoma,** la infusión **se realiza** hirviendo 20 gr. en 1 litro de agua durante 10 minutos, colar y beber 3 tazas al día. **Se potencia** con miel **(en mayores de 1 año),** o edulcorar al gusto, ver **descripción de planta y de la Miel.**

- **Clavo,** ver **descripción de la planta.**
  - IV - **Como cataplasma y el preparado para masaje** se realiza mezclando con sal, agua y clavo de olor, **contra la jaqueca.**

Forma de uso plantas con las letras E - G - H

- **Escaramujo, para la infusión base se realiza con** una cucharada de corteza de escaramujo, fresca o seca, para distintas dolencias, ver **descripción de la planta.**

- **Geranio,** la infusión **se debe realizar** con 4 gr. de raíz en 100 ml de agua, se puede acompañar con infusiones de Manzanilla, Hierbabuena, Menta, ver **descripciones de las plantas.**

- **Gordolobo,** la infusión **se realiza con 3 o 4 gr. de la planta,** y beber de 3 a 4 tazas diarias, al menos durante una semana, ver **descripción planta.**

- **Granada,** ver **descripciones de las plantas.**
  - VIII - **Consumir preferiblemente en ayunas,** para extraer las semillas bastará con cortarla por la mitad y golpear la parte de la cáscara con una cuchara. También se puede cortar en cuatro cuartos para ir despegando las semillas con más facilidad.
  - VIII - **Se puede hacer zumo** con sus semillas (edulcorar al gusto), o utilizar el comercializado. El zumo deja una sensación un poco áspera en la lengua por los Taninos, de propiedad astringente. Se puede mezclar con el de Manzana, Naranja, Zanahoria, Jengibre. **Personas con estreñimiento no deben abusar del zumo de granada.**

- **Harpagofito,** la infusión de la raíz, ingerida se debe **tomar al menos 3 veces al día si es persistente la dolencia,** ver **descripción de la planta.**

- **Heliotropo,** la infusión de **la raíz** se realiza con una cucharada de postre por taza, ver **descripción de la planta.**

- **Hierba de san Pedro,** la infusión **se realiza** con 60 gr. por litro de agua. Hervir, filtrar, reposar unos minutos. Beber 2 tazas diarias, ver **descripción de la planta.**

- **Hipérico, ver descripciones de las plantas.**
  - **VII (1) - Infusión,** se realiza al hervir partes de la planta durante 3 minutos. Reposar 5 minutos, colar y beber de 2 a 3 tazas diarias, endulzar al gusto.

- **Contra la depresión**, al existir diversos tipos de patologías añadidas, existen distintas formas de combatirlas al margen de la nº 1 y son:
  - **VII (2) - Para potenciar la nº 1, si se cree necesario,** poner Hipérico, Nenúfar, Orégano y Salvia. a partes iguales, la medida es de 2 cucharaditas de la mezcla por taza en infusión. Reposar 5 minutos. Colar y beber tres tazas al día, en ayunas o entre comidas.
  - **VII (3) - Para depresión acompañada de insomnio,** plantas: Hipérico, Brezo, raíz de Valeriana, árbol de Tilo y Marrubio, a partes iguales. Hervir la mezcla, por taza, durante de 2 minutos a fuego lento y tapado. Reposar 5 minutos, colar y beber una taza después de la cena.
  - **VII (4) - Para depresión y timidez,** plantas: Hipérico, Genciana, Romero y Ajedrea a partes iguales. Hervir una cucharadita de la mezcla por taza en infusión, reposar unos minutos. Colar y beber una taza en el desayuno y otra después de la comida del mediodía.

Forma de uso plantas con las letras J - L - M

- **Jara,** realizar una **infusión con un poco** de su ládano en una taza de agua hirviendo. **Beber como máximo** de 3 tazas diarias, **precaución,** ver **descripción de la planta.**

- **Lúpulo,** ver **descripción de la planta.**
  - VII - **La infusión de las flores** se realiza con 25 gr. de flores en un litro de agua. Hervir durante 10 minutos. Colar y beber, hasta 3 veces al día, **edulcorar al gusto.**
  - VII - **La infusión del grano,** hervir 15 gr. de lúpulo en ½ litro de agua. Se debe beber una taza en ayunas, **edulcorar al gusto.**

- **Mirto,** la infusión **se prepara** con una cucharadita de hojas por taza de agua. O con 15 gr. de hojas por litro de agua, ver **descripción de la planta.**

Forma de uso plantas con las letras O - P

- **Olmo,** la infusión **se prepara** con 2 cucharaditas de corteza por litro de agua. Hervir, colar y beber. **Utilizada** en uso tópico, **sin edulcorar,** ver **descripción de la planta.**

- **Orégano,** la infusión **se realiza** con una cucharada de postre por taza. Hervir 10 minutos, colar y beber 3 veces al día, antes o después de las comidas, endulzar al gusto, ver **descripción de la planta.**

- **Pasiflora,** ver **descripción de la planta.**
  - VII - **Infusión,** de 1 a 3 gr. al día (3 tazas al día).
  - VII - **Jugo planta fresca,** 2,5 ml (3 veces al día).

- **Polen,** ver **descripción del Polen.**
  - Cómo medir las dosis de polen seco para ingerir:
  - 1 cucharadita de café rasa = 5 gr.
  - 1 cucharadita de café colmada = 8 gr.
  - 1 cucharada de postre rasa = 10 gr.
  - 1 cucharada de postre colmada = 15 gr.
  - 1 cucharada de sopera rasa = 15 gr.
  - 1 cucharada de sopera colmada = 25 gr.

Continúa...

- Se recomienda tomar polen durante 20 días, y descansar 10 días, continuar, para la recuperación de la salud y vigor.

- **VIII (1) - Adultos,** 4 cucharaditas de café colmadas (32 gr). Para mantenimiento 2 cucharaditas de postre rasas (20 gr.
- **VIII (2) - Niños entre 3 y 5 años,** un poco menos de una cucharada de postre colmada (12 gr.)
- **VIII (3) - Niños entre 6 y 12 años,** un poco más de una cucharadita de sopera rasa (16 gr.)
- **VIII (4) - Niños mayores de 12 años,** dos cucharadas de postre rasas (20 gr.)

- Primavera, la infusión **se prepara** con una cucharada de postre de raíz preferentemente, o con de flores frescas o secas por taza de agua. Hervir, reposar 5 minutos, beber dos o tres tazas diarias, ver **descripción planta.**

- Psoralea, la infusión **se prepara con 30 gr. de hojas** por ½ litro de agua, hervir 30 minutos. Reposar unos minutos y utilizar. Beber solo 1 taza después de cada comida, edulcorar al gusto. **En lavados,** enjuagues o gargarismos, **sin edulcorar,** ver **descripción de la planta.**

Forma de uso plantas con las letras R - S

- Rábano rusticano, ver **descripción de la planta.**

- **Se recomienda de 3 a 5 gr. de la raíz recién rallada,** tomar tres veces diarias, o en infusión de 2 a 3 ml. **Se vende** el Nasturtium-Rabano picante, seguir indicaciones del fabricante o especialista,

- Romero, ver **descripciones de las plantas.**

- **VII (1) - Infusión para ingerir,** poner una cucharadita (de postre) de hojas y flores en una taza con agua hirviendo. Hervir 10 minutos, beber 3 tazas al día, antes o después de las comidas, endulzar al gusto.

Continúa en página siguiente

...

- **VII (2) - Decocción en uso tópico,** con 30-40 gr./l, hervir 10 minutos. Aplicar en forma de baños, lavados o compresas embebidas.
- **VII (3) - Aceite esencial,** diluir entre el 2 o el 5%, en solución alcohólica u oleosa, antes de utilizar.
- **VII (2) - Decocción en uso tópico,** con 30-40 gr./l, hervir 10 minutos. Aplicar en forma de baños, lavados o compresas embebidas.
- **VII (3) - Aceite esencial,** diluir entre el 2 o el 5%, en solución alcohólica u oleosa, antes de utilizar.

Forma más compleja y potenciada de la infusión para ingerir. Se recomienda guardar en recipientes separados y debidamente etiquetados, ver **descripciones.**

- **Por la mañana,** beber una infusión de romero, cola de caballo y boldo. Las hierbas se mezclan en partes iguales y guardadas en un recipiente hermético y en un lugar sin luz. Al hervir el agua, echar una cucharadita llena con la mezcla mencionada, dejar reposar por 5 minutos y beber.
- **Después de las comidas,** se recomienda beber una infusión de cola de caballo, diente de león, semillas de Anís y flores de Manzanilla. Estas hierbas deberán estar mezcladas y guardadas de forma ya indicada, en recipiente sellado y protegidas de la luz, se prepara de la misma manera que la receta anterior.
- **Por la noche,** se recomienda una infusión de Cola de caballo, Tila, Muérdago, Espino albar y flores de Manzanilla, seguir las mismas indicaciones anteriores.

- Salvia romana, ver **descripción de las plantas.**

- **VII (2). Nerviosismo,** mezclar 3,75 mililitros de aceite de Jojoba, 2 gotas de aceite de Manzanilla, 4 gotas de aceite de Salvia romana, 1 gota de aceite de Incienso, 1 gota de aceite de Neroli y 3 gotas de aceite de Naranja. Mezclar y usar como fragancia o inhalar del frasco, según se requiera.

- **Sanguinaria del Canadá,** ver **descripción de la planta.**
  - **VII - La infusión se realiza** colocando en una taza con agua hirviendo unas hojas de la planta. Beber caliente, endulzar al gusto.
  - **VII - Otra infusión se realiza** con 20 gr. de la planta en 1 litro de agua. Beber caliente tres veces al día, endulzar al gusto.

Forma de uso plantas con las letras T - V

- **Trigo sarraceno,** ver **descripciones de las plantas.**

  - **Forma de consumo VIII,** una de las mayores **ventajas del trigo sarraceno** es que **se hace muy rápido**, más que otros cereales como el arroz o el mijo. Tarda aproximadamente 15 minutos a fuego lento, sin perder propiedades. **Ideal para utilizar a menudo.**
  - **Ensaladas,** en verano, una buena forma de tomar cereales y legumbres. El **trigo sarraceno** combina bien con cualquier vegetal crudo en ensalada de Brécol, Tomate, Lechuga, Calabacín, etc.).
  - **Potaje,** en invierno, en cambio, podemos tomar **trigo sarraceno** en forma de potaje y 20 minutos antes de retirar del fuego, patatas y el **trigo sarraceno.** Con Lentejas, (las lentejas tardan máximo 5 minutos en ablandarse).
  - **Purés y cremas,** tanto en invierno (puré) como en verano (crema fría) se puede cocer unas legumbres, algunas verduras y **trigo sarraceno.** Por ejemplo, hacer un rico puré con alubias Azúkis, Sarraceno y Col.

- **Verbena,** ver **descripción de la planta.**
  - **VII (1) - La infusión ingerida** se realiza en una taza de agua mineral. Al romper a hervir añadir 2 cucharadas de postre de hojas, secas. Reposar 10 minutos, colar y beber tibia 2 o 3 veces al día, edulcorar al gusto.

Continúa en página siguiente

...

- **VII (2) - En uso tópico,** colocar 3 cucharadas de postre de hojas secas, en una taza de agua mineral. Al romper a hervir dejar fuego lento 15 minutos. Colar, enfriar y **sin edulcorar** humedecer el apósito o compresa para colocar sobre la frente durante 5 minutos, repetir hasta que se pase el malestar.
- **VII (3) - Otra forma de uso tópico,** colocar un puñado de hojas frescas en un vaso de vinagre, cocer a fuego lento hasta que el vinagre se evapore. Envolver las hojas, calientes en gasa o compresa y aplicar sobre la zona dolorida.

- Violeta, ver **descripción de la planta.**

- **VII - La infusión**, se debe realizar con media cucharadita de postre de flores, secas, en una taza de agua hirviendo, reposar unos minutos, colar y beber.
- **VII - La decocción,** se realiza con 50 gr. de raíz por litro de agua. Se recomienda beber varias tazas al día.

Descripciones de plantas letra A

- **Abedul**
- **Aceite de Cedro**
- **Acerola**
- **Achicoria**
- **Agave tequilana**
- **Agripalma**
- **Ajedrea**
- **Ajo**
- **Ajónjoli, ver Sésamo**
- **Ajuga iva**
- **Alcachofa**
- **Alcanforero**
- **Alcaravea**
- **Alerce**
- **Alforfón, ver Trigo sarraceno**
- **Aloe vera**
- **Amapola**
- **Ambay**
- **Amla o Grosella espinosa**
- **Angélica**
- **Angélica china**
- **Apio**
- **Apio del monte, ver Levístico**
- **Aquilea o Milenrama**
- **Árbol de sándalo**

- Árbol de Tilo
- Arce
- Aromita o Espinillo
- Arroz
- Asafétida
- Ashwagandha
- Aspérula
- Avellana
- Avellano
- Ayahuasca
- Azafrán
- Azúkis

- Abedul, (Birch, in english)

"Betula pendula", de origen de Euroasiático, se puede encontrar en casi todo el norte de España, corteza de color blanco casi plateado, puede alcanzar 30 metros de altura. **Se utiliza casi en su totalidad:** hojas, flores, savia, yemas y la corteza de las ramas jóvenes. **Existe aceite esencial, no ingerir (tóxico y mortal). Solo para uso tópico y siempre diluido según indicaciones del especialista.** Se emplea para la infusión los brotes del árbol y la corteza. **Contraindicado durante el embarazo o lactancia, en personas con hidropesía de origen cardíaco o renal, alérgicas e hipertensas,** (solo bajo prescripción y control médico).

- Aceite de Cedro, (Cedar oil, in english)

"Cedrus Atlántica", se usa su aceite en gárgaras o fitoterapia después del desayuno y al acostarse. **No usar más de 2 semanas seguidas.** Utilizar media taza de agua con una cucharada de sal marina y una gota de este aceite, para realizar lavados. **Contraindicado durante el embarazo (abortivo), lactantes, menores de 6 años. Pacientes con gastritis, úlceras gastroduodenales, intestino irritable, colitis ulcerosa, enfermedad de Crohn, enfermos hepáticos, epilépticos, de Párkinson u otras enfermedades neurológicas. Ni en uso tópico de inhalaciones en menores de 6 años, personas con alergias respiratorias o con hipersensibilidad conocida a éste u otros aceites esenciales.**

- Acerola, (West Indian cherry, in english)
"Malpighia emarginata", también llamado Azorolo, fruto de un árbol de Sudamérica, Centroamérica, y el Caribe, se cultiva de forma masiva en Vietnam y Brasil. Tiene tantas virtudes beneficiosas para la salud, que podríamos decir que es un nutricéutico. **Las embarazadas no** lo deben ingerir en exceso, ni a diario, **el bebé** puede hacerse dependiente y **desarrollar síntomas de deficiencia tras el nacimiento.**

- Achicoria, (Chicory, in english)
"Cichorium intybus", originaria de Europa de forma silvestre, con numerosas propiedades médicas. Conocida por ser un excelente sustituto del café. Se recomiendan dos tazas de infusión de achicoria al día o una sola taza antes de cenar. **Contraindicada en personas con presión arterial baja, o si padecen cálculos biliares.**

- Agave tequilana, (Blue agave or Tequila agave, in english)
"Agave tequilana", originario de Mesoamérica, también llamada Ágave azul, con ella se elabora el Tequila, pero principalmente es utilizado por sus propiedades medicinales para uso tópico como interno mediante infusiones de las hojas. Con esta planta se elabora un sirope que sirve como edulcorante. Si hay **reacciones alérgicas** como **dificultad al respirar, erupción, hinchazón de labios o lengua, buscar atención médica urgente. Puede producir:** diarreas y malestar estomacal. **Contraindicada durante el embarazo y lactancia.**

- Agripalma, (Motherwort, in english)
"Leonorus cardiaca", planta originaria de Asia y norte de América. En la cuenca Mediterránea suele ser rara. **En grandes cantidades, conduce a:** sed inapagable, dolores de vientre, heces con sangre y vómitos. Vigilar interacción con tratamientos digitálicos, laxantes o diuréticos. **Contraindicada embarazadas, menores de 2 años.**

- Ajedrea o Hisopillo, (Summer savory, in english)

"Satureja hortensis", planta originaria de Eurasia, se utilizan los tallos, las hojas y las flores secas. Muy usada en la cocina búlgara y rumana especialmente para su plato típico, el "Sarmale". **La esencia** de esta planta puede resultar **muy reactiva** en algunas personas y **existe** un ligero **riesgo de provocar alergias. Especial cuidado en los niños. Contraindicada durante el embarazo y la lactancia.**

- Ajo, (Garlic, in english)

"Allium sativum", probablemente de origen asiático, se cultiva desde hace más de 7.000 años. Alimento de alto valor nutritivo. Reduce significativamente la toxicidad de plomo y los síntomas asociados. Consumido envasado a la salmuera no provoca halitosis y su ingesta no es molesta. **Puede causar:** acidez estomacal, flatulencias o gases, eructos, vómitos o diarrea. **Evitar con alimentos o suplementos anticoagulantes como:** el aceite de Onagra, Pomelo o Sauce. **Evitar también antes o después de una operación de cirugía,** al disminuir la cicatrización de las heridas.   **El exceso de consumo puede dar problemas:** en los diabéticos, sangrado o anticoagulación excesiva. **Precaución puede interactuar con medicamentos:** como anticoagulantes, fármacos para el corazón, hipertensión, anticonceptivos, corticoides, para el colesterol. **Se recomienda no tomar más de 2 dientes** de ajo crudo en ayunas al día a personas con tensión alta o baja. **Contraindicado en embarazadas, lactantes, menores de 3 años, durante la menstruación, personas con hipertiroidismo.**

- Ajuga iva, (Ajuga iva, in english)

"Ajuga iva", es originaria del Sur de Europa en la zona mediterránea. También llamada Búgula almizclada o Iva, planta de raíz bastante desarrollada y en condiciones óptimas alcanza una altura de dos palmos. Crece en tierras pedregosas y de muy baja humedad. La época de floración comienza a principios de primavera, se extiende por todo el verano y presenta dos tipos de flores diferentes. Las del primer tipo tienen corola de ...**Continúa en página siguiente**

... color verde y flores muy fértiles (aunque están ocultas en el interior del cáliz). Las del segundo tipo, son de color púrpura y aroma más agradable. Se deben recoger las partes aéreas de la planta en su época de floración. La infusión ingerida se realiza hirviendo unos 15 gr. por cada litro de agua, durante 15 minutos, reposar y colar, tomar una taza en ayunas. **Para reforzar sus efectos** se puede tomar otra taza por la tarde. **Contraindicado en personas que padezcan gastritis o úlcera gastroduodenal.**

- Alcachofa, (Artichoke, in english)

Se llama al fruto de la planta alcachofera "Cynara scolymus", originaria del Mediterráneo occidental. Es una de las fuentes vegetales más ricas en calcio, hierro, magnesio y potasio. También contiene fibra y cinarina. Se puede encontrar en cápsulas y extractos. **Puede causar:** flatulencias y alergias. **Consultar al médico:** los propensos a cálculos biliares. **Consumir con moderación** los hipertensos. **Contraindicado durante el embarazo y lactancia.**

- Alcanforero, (Camphor tree, in english)

"Cinnamomum camphora", antiguamente de este árbol se extraía el alcanfor, es originario de Borneo, el aceite **en dosis excesivas puede resultar tóxico** y originar trastornos graves para el organismo. **Limitar su utilización para dolores de articulaciones y reumatismo,** diluyendo unas gotas de aceite de alcanfor con aceite de oliva o en jabón, ayuda a aminorar y desinflamar el dolor. **Contraindicado en embarazadas, lactantes, menores de 12 años, y en personas con Parkinson, o epilepsia.**

- Alcaravea, (Meridian fennel, in english)

"Carum carvi", originaria de Europa, Asia Occidental y norte de África. Los romanos y griegos antiguos no usaron ni apenas conocieron. Alcaravea es palabra de origen árabe, con ese nombre conocida en España desde el 1.400. Se utiliza con fines medicinales sus semillas, muy parecidas al Comino, que provienen de una planta parecida a la zanahoria. Para tener como efecto secundario puede producir acidez de estómago. **En grandes dosis y en periodos ...Continúa**

... **prolongados, puede dañar:** los riñones y el hígado. **El aceite esencial puede provocar:** vértigos, convulsiones y dolores de cabeza. **Consultar con el médico antes de usar, las embarazadas y lactantes.**

- Alerce, (Larch tree, in english)

"Fitzroya cupressoides", originario del cono sur de América, árbol milenario y de los más antiguos del planeta, de madera liviana, resistente a la pudrición, de color castaño o pardo rojizo. Sus hojas expelen un líquido empleado para endulzar. Para las dolencias se emplea la corteza interior del tronco. **Utilizar solo bajo prescripción médica.**

- Aloe vera, (Aloe vera, in english)

"Aloe arborescens", también conocida como Sabila, es una de las aplicaciones farmacéuticas más antiguamente registrada, se encuentra en una tablilla sumeria de arcilla, hay dibujos de la planta en las paredes de templos egipcios. Originario del norte de África, de hojas carnosas utilizadas para el tratamiento de muchos problemas de salud, se recomienda especialmente para problemas de la piel en cataplasmas o directamente su gel interior. De las hojas se obtienen dos compuestos, gel y zumo. **Especial cuidado con su gel, si se ingiere.** Existen preparados de zumos. **Contraindicado los zumos en embarazadas (abortivo), lactantes, menores de 12 años, pacientes con intestino irritable, colitis, enfermedad de Crohn, hemorroides y diabéticos.**

- Amapola, (Common poppy, in english)

"Papaver rhoeas", de origen desconocido, pero muy extendida en Eurasia y norte de África. Las semillas de amapola son muy pequeñas y de color negro, aportan increíbles beneficios nutricionales y propiedades tanto curativas como medicinales consumidas regularmente. Contiene de ácidos grasos Omega 3 y Omega 6. Fibra (tres cucharadas soperas de semillas de amapola aportan un 12% del valor diario de fibra dietética recomendado). Vitaminas del grupo B (en especial B1, B2, B3, B5, B6 y ácido fólico o B9), así como vitamina E y C. Minerales como Magnesio, ...**Continúa en página siguiente**

... Calcio, Manganeso, Potasio, Fósforo, Hierro, Zinc y Cobre. En la cocina son muy utilizadas por su versatilidad y sabor. Se pueden consumir en ensaladas, sopas, pastas o en infusiones. **Por desconocimiento en sus efectos, abstenerse embarazadas, lactantes, menores de 6 años.**

- Ambay, (Cecropia, in english)

"Cecropia adenopus", árbol originario de América del sur en sus zonas selváticas. Se utilizan sus hojas y corteza en infusión, **en uso tópico, no endulzar.** Utilizado con fines curativos por los aborígenes desde México hasta la región nordeste de Argentina, continúa siendo un remedio de uso habitual en la medicina popular de centro y sur de América. **Contraindicado en embarazadas y lactantes.**

- Amla o Grosella espinosa, (Indian gooseberry or Amla, in english)

"Phyllanthus emblica", originaria de India, el nombre Chiratya es un término indio. También conocida como Grosella espinosa india y **Amalaki**. Ensayos clínicos demostraron sus espectaculares beneficios para la salud, las **personas sanas como enfermas la pueden ingerir diariamente,** en prevención y tratamiento, como fruta fresca o en conserva. Existe extracto seco, cápsulas, pastillas, las dosis habituales varían desde 400 mg/día hasta 3.000 mg/día. Existe extracto fluido se toma entre 0,6 - 1 g. día. La forma más habitual de consumir es la infusión, realizada entre 30 a 60 gr. por litro de agua. **No se conocen** contraindicaciones, se **recomienda consultar** con el médico o especialista.

- Angélica, (Garden angelica, in english)

"Angelica archangelica", originaria del norte de Europa y Siria. Sus hojas se utilizan para aromatizar compotas de fruta, confituras, caldos y licores. Las hojas y tallos frescos son usados en sopas y ensaladas. **Evitar exposición al sol en su tratamiento. Contraindicado su aceite esencial por vía interna durante el embarazo, la lactancia, menores de 6 años, pacientes con epilepsia, Parkinson u otras enfermedades neurológicas. No se recomienda en ninguna forma en embarazadas, lactantes y diabéticos.**

- Angélica china, (Female ginseng, in english)
"Angelica sinensis H", llamada también Angélica coreana o Dong Quai, hierba medicinal de uso múltiple para una amplia variedad de patologías femeninas, considerada como la **viagra oriental.** Las distintas partes de la raíz tienen diferentes efectos sobre la salud. **Utilizar solo bajo prescripción médica o de especialista. Contraindicado en embarazadas, lactantes, personas con cáncer de útero, mama y ovarios.**

- Apio, (Celery, in english)
"Apium graveolens", originario de la cuenca mediterránea, planta de consumo bastante conocido y de fácil reproducción, se puede ingerir crudo, cocido o en jugo. **Contraindicado en embarazadas (abortivo),** ver formas de consumo **VIII.**

- Aquilea o Milenrama, (Yarrow, in english)
"Achillea millefolium", originaria de Europa y Oriente Próximo, crece en praderas, setos y en la hierba de los prados, es muy aromática, se utiliza sus hojas, flores, aceite esencial, existen en cápsulas. **En algunos casos el uso tópico** puede producir irritaciones en la piel. **Ingerida de forma prolongada** puede aumentar la fotosensibilidad. **Contraindicado durante el embarazo (abortivo) y lactancia.**

- Árbol del sándalo, (Indian sandalwood, in english)
"Santalum álbum", originario de la India, considerado un "árbol sagrado" estando protegido. Se utiliza para realizar masajes en la piel con su aceite, al 1% máximo diluido en aceite de almendra dulce, **en personas no alérgicas es seguro.** Usar con **precaución pacientes con infecciones por hongos** en la piel, cuero cabelludo y uñas, también por **personas** en tratamiento **con ansiolíticos. Contraindicado en embarazadas o lactantes.**

- Árbol de Tilo, (Linden tree, in english)
"Tilia platyphyllos", crece en Europa, Asia, América y excepcionalmente en regiones frías y húmedas del hemisferio norte, en Rusia forman grandes extensiones forestales. Es una de las plantas medicinales más ...**Continúa en página siguiente**

... importantes, se utiliza fundamentalmente la infusión de las flores, brácteas secas, corteza y albura (parte blanca de debajo de la corteza del árbol). **Es conveniente ver Tila,** con la que comparte remedios. **También se utiliza como antídoto,** en caso de ingerir sustancias tóxicas. **Consultar con el médico, embarazadas, lactantes, enfermos del corazón, con dolores estomacales desconocidos.**

- Arce, (Acer, in english)

"Hacer saccharum", árbol originario de Asia y abundante Norteamérica donde existen 160 especies, también se cultivan como árboles ornamentales, para la explotación de su madera en la construcción y para elaborar el jarabe de arce (también llamado de miel de Maple), el mayor lugar de producción de este jarabe es Quebec (Canadá). La hoja es el símbolo de Canadá, apareciendo en su bandera. **Contraindicado para diabéticos** (por su gran concentración de azúcares) **y personas intolerantes a la glucosa.**

- Aromita o Espinillo, (Vachellia aroma or Aromita, in english)

"Acacia aroma", árbol uruguayo de la familia de la acacia, crece por todos lados dejando el suelo poco aprovechable para la agricultura. La corteza, las hojas y las semillas tienen propiedades curativas. Diluyendo 20 gr. en 1 litro de agua hirviendo **sirve como infusión** para uso externo e ingerida. **Utilizar bajo supervisión médica, las embarazadas, lactantes, menores de 12 años y personas con enfermedades crónicas.**

- Arroz, (Rice, in english)

"Oryza sativa", es el cereal más consumido en el mundo, junto al maíz. Asia lo consume desde hace más de 5.000 años. Existen aproximadamente 170 especies de arroz cultivable. China es el país que más lo cultiva y consume. Normalmente el arroz que se consume es el llamado "pulido", al que se le ha extraído el almidón de sus capas externas (las más nutritivas), pero el más eficaz para las diarreas. Si se consume en grandes cantidades provoca el escorbuto. Debido a su deficiencia en lisina, se recomienda ...**Continúa**

... cocinar con verduras, hortalizas y legumbres frescas, o acompañado de abundante ensalada cruda. El mejor es el arroz integral, pero su aspecto repele a algunas personas. Su proteína sin gluten es **ideal para celíacos.** Existe un **sirope de arroz** como edulcorante. **Consultar con el médico o especialista las personas que sufran la enfermedad de Crohn, colitis ulcerosa.**

- Asafétida, (Asafoetida or Devil's dung, in english)

"Ferula assafoetida", también conocida como Hing, crece principalmente en Afganistán y el Norte de Irán, su resina se exporta a la India, allí llamada Hing. Se comercializa sobre todo en polvo de color amarillento que consiste en la mezcla de la resina molida con harina de arroz o trigo. **Muy difícil de encontrar, solo en tiendas indias.** Planta de olor nauseabundo en crudo, cocinada se suaviza y produce un sabor similar a la cebolla y el ajo, se utiliza como condimento en forma de especia. **No se conocen** contraindicaciones, se **recomienda consultar** con el médico o especialista.

- Ashwagandha, (Indian ginseng, in english)

"Whitania somnifera", originaria de las montañas del Himalaya. La ashwagandha o ginseng hindú, se usa para aumentar el sistema inmunológico que nos protege frente a infecciones y enfermedades. Tomada **por la mañana** aumenta sus niveles energéticos, **por la noche** ayuda a dormir mejor. **Contraindicada en embarazadas, y en personas inmunosupresores.**

- Aspérula, (Sweetscented bedstraw, in english)

"Galium odoratum", planta euroasiática, muy eficaz para diversas dolencias. **Como somnífera solo se debe usar por personas mayores**. Se utiliza la planta entera, salvo la raíz, la infusión y licuación son las formas habituales para aliviar las molestias. **La sobredosis produce dolores de cabeza.**

- Avellana (Hazelnut, in english)

Fruto del árbol "Corylus avellana", fuente natural de proteína y una excelente fuente de energía fácilmente asimilable por nuestro organismo, ricas en grasas, alrededor de 70%, con proteínas e hidratos de carbono. **Muy apto para los celíacos** al no contener gluten. **Solo hay que tener en cuenta, alergia o intolerancia a frutos secos.**

- Avellano, (Hazel, in english)

"Corylus avellana", árbol originario del Mediterráneo. Se utiliza las infusiones de cortezas y hojas ingeridas o en uso tópico (lavados y en compresas). **Contraindicado en personas con gastritis y úlcera gastroduodenal (puede producir malestares y estreñimientos).**

- Ayahuasca, (Ayahuasca, in english)

"Banisteriopsis caapi", también conocida como Yagé o Capi, considerada en la Amazonía como el espíritu de la naturaleza. Según estudios realizados el uso de la Ayahuasca tiene una antigüedad aproximada de 5.000 años. **Utilizar bajo prescripción médica.** Se emplea la decocción de sus hojas, tallo y semillas y en infusión. **Se recomienda prudencia en su uso, puede ocasionar náuseas, palidez, dilatación pupilar, salivación, sudoración profusa, y en algunos casos intoxicación mortal.**

- Azafrán, (Saffron crocus, in english)

"Crocus sativus", de origen desconocido, aunque fonéticamente el nombre es muy parecido en distintas lenguas. Existen referencias del azafrán que datan del año 2.300 a.n.e. Conocida especia para condimentar las comidas por su peculiar aroma y sabor. Sus propiedades medicinales no son tan conocidas, el consumir azafrán de manera habitual es beneficioso. **Más de 10 gr. puede ser mortal. No consumir terapéuticamente más de 6 semanas seguidas. Contraindicado durante la lactancia y en mujeres que sufran metrorragias, podría provocar hemorragias fuera del ciclo menstrual.**

- Azúkis, (Azuki red beans, in english)

"Vigna angularis, var. nipponensis", también conocida como Alubia azúkis, es originaria de China, desde allí paso a Japón donde se ha convertido en uno de sus principales cultivos. Se consume igual a cualquier legumbre, poniéndola en remojo 8 horas antes de cocer. **Sin gluten,** alimento ideal para cualquier dieta. Con una cantidad en grasas no muy alta, **es aconsejable consumir en cantidades moderadas las personas con dieta de adelgazamiento, ácido úrico elevado, hipertiroidismo, bocio y propensas a flatulencias.**

Descripciones de plantas letra B

- Batata, ver Ñame silvestre
- Beleño negro
- Benjuí
- Bergamota
- Boldo
- Borraja
- Branca Ursina
- Brezo

- Beleño negro, (Black henbane, in english)

"Hyoscyamus niger", **planta venenosa,** originaria de Eurasia, crece en los pies de muros, zonas de escombros y estercoleros. Algunos de sus alcaloides son de excelentes propiedades sobre el sistema nervioso central. **Utilizar solo las hojas, con extrema precaución. Siempre bajo prescripción médica**

- Benjuí, (Sumatra benzoin tree, in english)

"Styrax benzoin", árbol de los bosques de Laos, Vietnam, Malasia, Indonesia. Se utiliza principalmente su resina de modo interno, o en pomadas, jabones, tinturas, aceite esencial. La resina **puede beberse** según **indicaciones de especialista.** Las inhalaciones es otra forma de aprovechar sus beneficios medicinales. **No utilizar embarazadas, lactantes, menores de 12 años, personas con enfermedades crónicas y alérgicas.**

- Bergamota, (Bergamot orange, in english)

"Citrus bergamia", originaria de Persia, injerto entre el Limero y el Naranjo amargo. La fruta y las infusiones se utilizan para remedios curativos. Las mejores propiedades medicinales o cosméticas se logran a través de su aceite esencial, como bálsamo, **tras su aplicación no exponerse al sol. No consumir el zumo o fruto en combinación con fármacos.**

- Boldo, (Boldo, in english)

"Peumus boldus", árbol originario de Chile y única especie de este género. **Nunca utilizar más de 4 semanas, con 2 meses de intervalo, entre cada una. Contraindicado en embarazadas, lactantes, menores de 12 años y personas con obstrucciones vesiculares, hepáticas o enfermos renales.**

- Borraja, (Borage, in english)

"Borago officinalis", originaria del norte de África y Medio Oriente. Con las semillas se elabora un aceite para distintos remedios terapéuticos. **Contraindicado para embarazadas, menores de 6 años y hepáticos.**

- Branca ursina, (Hogweed, in english)

"Heracleum sphondylium", crece en muchas regiones de Europa central y meridional. Se usa la planta entera por sus propiedades como hipotensoras, tónicas, depurativas, estimulantes y digestivas. **La exposición al sol de las partes del cuerpo tratadas con la planta fresca puede originar erupciones y ampollas dolorosas en la piel (fotosensibilización).**

- Brezo, (Briar root or Heater, in english)

"Erica arbórea", originario del Mediterráneo, con propiedades medicinales de uso interno y externo, las flores se usan para elaborar infusiones para beber o en uso tópico. **En exceso puede provocar malestares gástricos por lo que se debe consultar al médico por la dosis y tiempo de tratamiento que se debe seguir. No consumir por menores de 6 años, personas con gastritis, úlcera gastroduodenal o con problemas etílicos.**

Descripciones de plantas letra C

- Cacahuete
- Cacao
- Café o Cafeto
- Café verde
- Calabacín
- Calabaza
- Calaguala
- Calamento
- Cálamo aromático
- Canela con miel
- Canónigo
- Caña de azúcar
- Capuchina
- Cariofilada
- Cártamo
- Castaña
- Castaño
- Cayeput
- Cebada
- Cebolla
- Cebollino
- Cedrón o Hierbaluisa
- Cereza
- Chachacoma
- Chequén
- Chirimoya
- Chirivía
- Chumbera o Nopal
- Clavo
- Coco
- Combreto
- Combretum
- Comino
- <u>Copalchi</u>
- Corydalis cava
- Cúrcuma

- Cacahuete, (Peanut, in english)

"Arachis hypogaea", también conocido como Maní. Originario de la zona andina del Perú, hay constancias arqueológicas de su consumo de hace 8.000 años. A pesar de su mala fama es muy beneficioso para la salud y para múltiples dolencias, sea tostado, el aceite o en crema. **Contraindicado en pacientes renales o con problemas de vesícula (por su contenido en oxalatos).**

- Cacao, (Cacao or Cocoa, in english)

"Theobroma cacao", de origen mexicano, en el México prehispánico (cultura Maya) se utilizaba como moneda de cambio. **Poderoso alimento con propiedades y ...Continúa en página siguiente**

... beneficios increíbles para nuestra salud física, emociones y salud mental. Estimula, reconforta y reanima nuestro organismo. Uno de los alimentos más conocidos que existen, en especial porque se obtiene uno de los postres más consumidos por excelencia: el **chocolate**. **Contraindicado su consumo en personas con estreñimiento, hemorroides, hipertensos o en estados nerviosos (al contener trazas de cafeína).**

- Café o Cafeto, (Coffe, in english)

"Coffea", nativo de África y Asia, el origen se atribuye en Abisinia - Etiopía, bebida a menudo controvertida, pero por lo general inofensiva para la salud incluso si es descafeinado. Los resultados de un reciente estudio, muestra que es **beneficioso beber entre 3 y 5 tazas. Alta dosis puede producir:** cefalea, náuseas, insomnios (en muchos casos) y dependencia (en algunos casos). **No consumir por embarazadas, menores de 12 años, enfermos hepáticos, o con cardiopatías, úlceras, gastritis.**

- Café verde, (Green coffe, in english)

También llamado Nescafé, es el café sin tostar, su consumo ha sido analizado en numerosos estudios clínicos donde se demuestra que las utilidades y **propiedades terapéuticas son similares a Café o Cafeto, con la ventaja de que no produce** cefaleas, náuseas, insomnios y respecto a la dependencia, muy al contrario, se recomienda para distintos tipos de adicciones. **De sabor y olor indescifrable (camuflar con unas gotas de vainilla, u otra planta aromática). Contraindicado para embarazadas y menores de 12 años, pacientes con problemas renales, cardíacos, hipertensos, gastroduodenales o gastritis, y las personas sensibles a la cafeína.**

- Calabacín, (Zucchini or Summer squash, in english)

"Cucurbita pepo", en la América hispana se la conoce como "Zapallo de verano". Compuesto de un 95% de agua, no tiene ningún contenido calórico, siendo altamente benéfico para el organismo. En estudios realizados se ha demostrado que 100 gr. de calabacín sólo aportan 15 gr. de calorías, y contiene una muy buena ...**Continúa**

... cantidad de minerales. **Deben limitar su consumo, las personas que padezcan insuficiencia renal, o tomando diuréticos, y menores que tengan problemas estomacales, como diarreas.**

- Calabaza, (Pumpkin, in english)

"Cucurbita máxima", originaria de México y Texas, se lleva cultivando hace más de 4.000 años. A excepción de sus raíces, con fines terapéuticos **se utiliza en uso interno o tópico:** hojas, flor, fruto (calabaza) y sus semillas (pipas de calabaza). La semilla no irrita ni son tóxicas, se puede consumir sin ningún temor. La flor, grande y parecida a las campanillas, pero de color amarillo anaranjado, se pueden rebozar en harina. Consumiendo la flor cruda en ensaladas, sopas o al vapor, se aprovechan mejor sus propiedades. Existen preparados con semillas de calabaza. Su riqueza en vitamina E, las hace importantes para la pituitaria (glándula del desarrollo) y la reproducción. **Evitar el exceso semillas de calabaza, personas que sufran**: colitis ulcerosa, úlceras gástricas o hernias de hiato (ocasiona ardor, acidez), con gastritis (empeora los síntomas). **Contraindicado con medicación de anticoagulantes (produce efecto contrario).**

- Calaguala, (Narrow-leaf strap fern or Narrow strapfern, in english)

"Campyloneurum angustifolium", originaria de Perú, su nombre es quechua. Planta epifita, no crece en la tierra, crece entre cortezas y ramas de otras plantas o en las rocas. Especie de helecho, se utilizan tallos y raíces del helecho macho, en emplasto o cataplasma o en infusión. Existe en extracto. **Contraindicado en personas con gastritis, úlceras duodenales y diabetes.**

- Calamento, (Calamintha, in english)

"Calamintha sylvatica", nativa del norte de África, es posible encontrar en bosques poco espesos de Asia y Europa. Se utiliza su aceite esencial, por vía oral como en uso tópico. **Solo utilizar 1 gota. No utilizar a largo plazo. Contraindicado en embarazadas o durante la lactancia.**

- Cálamo aromático, (Calamus or Sweet flag, in english)

"Acorus calamus", crece en el hemisferio norte a orillas de ríos y pantanos. El uso es muy diverso desde hace mucho tiempo, desprende un agradable olor, para los remedios medicinales se utiliza el rizoma y los tallos. **Se recomienda tratamiento discontinuo,** uno de sus componentes es **sospechoso de producir cáncer y tóxico sobre el sistema nervioso central. Contraindicado el aceite esencial por embarazadas, lactantes y menores de 2 años.**

- Canela / Canelo, (Cinnamon / Cinnamon tree, in english)

"Cinnamomum verum" o "Drimys winteri", originario de la Patagonia en Chile y Argentina. Árbol siempre verde, y sagrado para el pueblo Mapuche. Se extrae la canela de su corteza para espolvorear, la infusión se realiza al agregar agua caliente en una taza con corteza, reposar 5 minutos y beber caliente. Dar sabor no es la única función, tiene una gran cantidad de propiedades medicinales. **Contraindicado en embarazadas, lactantes.**

- Canela con miel, (Cinnamon with honey, in english)

La canela y la miel son dos alimentos nutritivos, **(con miel a partir de 1 año).** Se prepara mezclando la miel y la canela hasta que quede bastante espesa. Guardar el preparado en un bote de cristal herméticamente cerrado. Mantener en un lugar fresco, se conserva bien por bastante tiempo sin necesidad de ningún conservante por las propiedades de ambos. Una cucharada sopera con agua tibia diaria de canela y miel tiene muchísimas propiedades para la salud y además con un delicioso sabor. Puede ser mezclada con otras bebidas.

- Canónigo, (Lamb´s lettuce, in english)

"Valerianella locusta", originario de Europa, Asia Menor y el Cáucaso, crece espontáneamente en prados y praderas con humedad, y raramente fuera de Europa. En España crece en la casi toda la península, a excepción del tercio sur, destaca su ácido alfalinolénico (ALA), muy escaso en el reino vegetal, y de ínfimas calorías, se puede comer en ensaladas (más habitual) o cocidos. ...**Continúa**

... Sabor muy suave, con cierto sabor a fruto seco. Su nombre viene por el consumo que hacían los clérigos para aquietar su ansiedad sexual, tiene propiedades parecidas a la Valeriana. **No se conocen** contraindicaciones, se **recomienda consultar** con el médico o especialista.

- Caña de azúcar, (Sugarcane or Sugar cane, in english)

"Saccharum officinarum", el azúcar integral de caña es uno de los edulcorantes más ricos en vitaminas y minerales. **Considerar que incluso el exceso de este azúcar es perjudicial para la salud dental.** Varía las condiciones **cuando se utiliza en jugo,** consumir el jugo lo más pronto al extraer, tiende a oxidarse en 15 minutos. El azúcar se obtiene evaporando el jugo de la caña por calentamiento o liofilización, **de todos los tipos de azúcar es el más saludable al contener algunos minerales y vitaminas cuando se respeta el proceso artesanal de elaboración.** El verdadero azúcar de caña integral no es marrón, tiene un color ligeramente tostado y se apelmaza con facilidad al contacto con la humedad, los otros tienen aditivos y no que es igual el color, ni la textura, ni sus propiedades, por el procedimiento de elaboración. Existe la melaza de caña. **Contraindicado para diabéticos y personas intolerantes a la glucosa.**

- Capuchina, (Garden nasturtium, in english)

"Tropaeolum majus", originaria de América, en zonas de la costa española se ha asilvestrado. Se utiliza toda la planta, especialmente las hojas y flores. A excepción de **las semillas, no consumir por tóxicas.** La capuchina se toma cruda, en ensalada y su sabor recuerda el del berro, quizás un poco más fuerte, **consumir en poca cantidad** y mezcladas con otras. debe ser aderezada solamente con zumo de limón y un poco de sal. También se toma en infusión. **Contraindicado en personas con úlcera gastroduodenal o afecciones renales. El extracto está contraindicado en caso de hipotiroidismo.**

- Cariofilada, (Herb Bennet, in english)

"Geum urbanum", también conocida como Hierba de san Benito, crece en lugares umbríos como los bordes de los bosques de Europa y Asia. Se utiliza, los rizomas (antes de la floración) y hojas (en la floración). La hierba en flor se corta casi a ras de suelo y se cuelga para secar. **Esta planta no debe utilizarse con recipientes de hierro. Contraindicado en personas con gastritis o úlcera gastroduodenal.**

- Cártamo, (Safflower, in english)

"Carthamus tinctorius", uno de los cultivos más viejos de la humanidad, posiblemente originario de la India. Los análisis químicos de tejidos del Egipto Antiguo, dinastía XII, identificaron los tintes de cártamo, también se hallaron guirnaldas confeccionadas con la planta en la tumba de Tutankamón. De uso tradicional en China, se conoce como "Hua Hong". Se utiliza la flor en infusión. Existen extractos en aceite. **Contraindicada en embarazadas (abortiva), hipotensos y personas con medicación anticoagulante.**

- Castaña, (Chestnut fruit, in english)

Se trata del fruto del castaño, cocida está deliciosa, se realiza el exquisito Marron glacé (forma originaria asturiana, pero comercializada con ese nombre por los franceses). La conocemos en los meses de frío, y la mejor forma de consumir son asadas abiertas. **Consumir con moderación las embarazadas. Contraindicada en los diabéticos.**

- Castaño, (Chestnut tree, in english)

"Castanea sativa", árbol originario de Europa meridional y Asia Menor. Se utiliza para los remedios medicinales la corteza, madera, hojas y brotes. **No se conocen** contraindicaciones, se **recomienda consultar** con el médico o especialista.

- Cayeput, (Weeping paperbark, in english)

"Melaleuca leucadendra", también llamado Cajeput, árbol originario del Sudeste asiático y zona tropical de Australia. **El uso más conocido es en inhalaciones. Aunque también se utiliza la infusión de la corteza.** De propiedades analgésicas, ...**Continúa**

... útiles para reducir los malestares de dolores y los dolores de cabeza que suelen acompañar los resfriados. Su aceite esencial es verdoso, olor alcanforado y muy penetrante. **Usar muy bien diluido en un aceite portador** (almendras o sésamo) siendo suficientes 10 gotas de aceite de Cajeput por 100 ml de aceite portador. **Contraindicado de cualquier forma en menores de 6 años, personas con alergias respiratorias.**

- Cebada, (Barley, in english)

"Hordeum vulgare", originaria de Oriente Medio, alimento-medicamento que se puede consumir de diversas formas, como sémola, cocinado en cualquier guiso, ensalada, leche o como agua de día. **Contraindicada en personas con hipersensibilidad a la harina de cebada, alérgicas a la cerveza, celíacas e hipertensos (con asiduidad).**

- Cebolla, (Onion, in english)

"Allium cepa", originaria de Asia central, a los **diabéticos** se les recomienda **revisen sus niveles de azúcar,** les puede afectar consumida en abundancia. **También puede reaccionar con medicamentos como:** Aspirina, anticoagulantes, antiplaquetarios, y con el Litio. **Se recomienda consultar con el médico en el colectivo sensible a todo ello.**

- Cebollino, (Chives, in english)

"Allium schoenoprasum", originario del extremo norte de las tierras que hoy forman parte de Canadá y Siberia. Se puede usar en sopas, ensaladas, salsas, tortillas, cremas y diversas comidas. Para beneficios en la salud se debe consumir en forma diaria, **no en grandes cantidades.** Muy fácil de cultivar y en poco espacio, se puede tener en casa una maceta de cebollinos para consumo diario fresco. **No se conocen** contraindicaciones, se **recomienda consultar** con el médico o especialista.

- Cedrón o Hierbaluisa, (Lemon verbena, in english)

"Aloysia citriodora", un arbusto originario de Sudamérica donde crece de forma silvestre fue introducida en Europa en el siglo XVII. Se utilizan sus hojas en infusión. **Contraindicado en embarazadas, lactantes y personas con tiroides.**

- Cereza, (Cherry, in english)

Fruto del árbol cerezo, también conocida como guinda, considerada la súper fruta, de múltiples propiedades y beneficios para la salud. Sin límite en tomar toda la fruta que se desee. **No se conocen** contraindicaciones, se **recomienda consultar** con el médico o especialista.

- Chachacoma, (Chachacoma, in english)

"Senecio oreophyton", originaria de la cordillera argentino-chilena y empleada desde tiempos inmemorables por los aborígenes de la zona. Existen varios tipos, como hierba medicinal se han reconocido dos: **Chachacoma y Chachacoma blanca,** cuyas propiedades curativas y apariencias son idénticas, diferenciándose sólo por el color blanco que toman las hojas y ramas de una de ellas. La forma usual es la infusión, también existen jarabes, y tinturas. **No se conocen** contraindicaciones, se **recomienda consultar** con el médico o especialista.

- Chequén, (White Chilean myrtle or Luma chequen, in english)

"Luma chequen", también llamado Arrayán blanco, originario de Chile y Argentina, arbusto muy ramificado de corteza algo grisácea, hojas ovaladas, cortas y anchas, todo él desprende una suave fragancia, de solitarias flores blancas (endémicas) que brotan de forma axilar, y fruto comestible, se utilizan los tallos, brotes y hojas en infusión. **No se conocen** contraindicaciones, se **recomienda consultar** con el médico o especialista.

- Chirimoya, (Cherimoya, in english)

"Annona cherimola", originaria de la zona andina limítrofe entre Ecuador y Perú. España es el primer productor mundial de chirimoya con un 80% del total desde Granada. ...**Continúa**

... Se tiene constancia de su existencia en la costa granadina de hace más de 400 años. Fruta muy delicada que presenta una escasa resistencia al transporte. No necesita de ningún tratamiento, se come tal cual. **No se recomienda de postre tras una comida copiosa.** Al consumir por 1ª vez personas con problemas de estreñimiento puede aparecer alteración intestinal, pero realmente está ayudando a corregir su problema. Fruta de fácil digestión muy aconsejable en personas débiles, convalecientes, ancianos, en dispepsias y muy especialmente en niños y embarazadas. Algunos productos extraídos de las semillas de la chirimoya han sido aplicados con éxito en investigaciones para el tratamiento de piojos, disentería, dolores de cabeza, gota y cálculos. **Fuente de potasio, deben tener cuidado personas con insuficiencia renal. Consumir con moderación los diabéticos.**

- Chirivía, (Parsnip, in english)

"Pastinaca sativa", originaria de las zonas más cálidas de Europa (aunque para desarrollarse por completo necesita de heladas y temporadas frías intermitentes). Se consume en guisos y sopas, siempre después de un período de cocción. Como nutriente es más completa que la zanahoria, más pálida y distinto sabor. **No se conocen** contraindicaciones, se **recomienda consultar** con el médico o especialista.

- Chumbera o Nopal, (Indian fig opuntia, in english)

"Opuntia ficus-indica", cactus originario de las tierras áridas y secas del norte de México, el jugo del cactus se utiliza para tratar una serie de condiciones inflamatorias. En primavera aparecen floraciones atractivas en los bordes de las almohadillas, se desarrollan en deliciosas frutas de cacto con forma de pera. La fruta, llamada a veces como pera espinosa, es en realidad conocida como Tuna en origen y Chumbo en España, contienen nutrientes y antioxidantes, como por ejemplo vitaminas C, E, A, Hierro, Calcio, **Carotenoides, Flavonoides,** de propiedades **antinflamatorias naturales.** Por estudios, estiman que en el futuro **podría proporcionar nuevos tratamientos en enfermedades** ...Continúa en página siguiente

... inflamatorias crónicas, donde las prostaglandinas desempeñan un papel importante, en casos de asma, alergias, dermatitis, artritis, migrañas y psoriasis. Sus propiedades reducen los síntomas de la resaca, al reducir la inflamación orgánica por el consumo elevado de alcohol. **Como efectos secundarios incluye:** diarrea, náuseas, plenitud abdominal, dolor de cabeza y aumento en el volumen y frecuencia de las deposiciones. Se consumen sus frutos o los extractos de la planta, siendo la dosis recomendada, dos cápsulas de nopal con un vaso de agua antes de las comidas. **Se utiliza básicamente en formas de pomadas o extractos.** Se elabora un sirope con su fruto llamad Sirope de Tuna. **Mucha precaución en pacientes con diabetes o bajo nivel de azúcar en la sangre, colesterol alto, baja presión arterial o disfunción tiroidea. Contraindicado en embarazadas y lactantes.**

- Clavo, (Cloves, in english)

"Syzygium aromaticum", llamado también Clavo de olor, originario de Indonesia, **se utiliza como remedio natural** desde hace más de 2.000 años, desde los egipcios hasta los chinos, pasando por griegos y árabes. Como beneficios del árbol son principalmente los botones de la flor, secos, usados para aliviar el dolor, poseen propiedades analgésicas y para desinflamar. Si se utiliza en infusión y se desea endulzar, ver los edulcorantes. Existe también aceite de clavo. **El aceite esencial** debe ser utilizado con precaución, **puede ser venenoso.** Usar en poca cantidad al ser extremadamente fuerte, por sus efectos desinfectante y antiséptico. **No debe permanecer mucho tiempo sobre la piel,** puede llegar a producir quemaduras e irritaciones. **Contraindicado en embarazadas, menores de 6 años. Personas que sufren de gastritis, colon irritable, alergias respiratorias, Parkinson.**

- Cocotero/Coco, (Coconut tree/Coconut, in english)

"Cocos nucifera", árbol de origen desconocido, asiático o caribeño, no tolera el frío. Su fruto, el coco, es la semilla más grande que existe de beneficios y propiedades saludables consumido ...**Continúa**

... de manera ocasional y de forma natural, sin envasar. El aceite de coco contiene altos niveles de ácido láurico, y se puede utilizar para cocinar. **Contraindicado en personas con alguna dolencia cardiovascular (contiene muchos ácidos grasos saturados), colesterol alto o con dieta de control de peso.**

- Combreto, (Kinkeliba, in english)

"Combretum micranthum", originaria de África central, planta de flores pequeñas y color rosado, crece en las orillas arenosas de las corrientes de agua. Se recomienda su uso después de las comidas. **Dosis bajo prescripción médica. Dosis elevadas provocan:** vómitos, acidez, gastritis, y úlceras gastroduodenales. Se utiliza las hojas en distintas formas que se venden en tiendas especializadas. **Contraindicado en embarazadas, lactantes, menores de 16 años y ancianos.**

- Combretum, (Orange flame vine or Chameleon vine, in english)

"Combretum fruticosum", es conocido como viñedo de color naranja o camaleón, es un arbusto liana originario de América, desde México hasta Argentina, sus propiedades y usos son similares al Combretum africano. **Utilizar solo bajo prescripción médica. Dosis elevadas provocan:** vómitos, acidez, gastritis, y úlceras gastroduodenales. Se utiliza las hojas en distintas formas que se venden en tiendas especializadas. **Contraindicado en embarazadas, lactantes, menores de 16 años y ancianos.**

- Comino, (Cumin, in English)

"Cuminum cyminum", originaria de la cuenca Mediterránea, la semilla del fruto contiene cuminal, y diversos minerales esenciales como el hierro, el calcio y el magnesio, una especia con magníficas propiedades curativas. Según un proverbio árabe, el comino, es "la medicina para cualquier enfermedad excepto la muerte". Consumida en comidas, espolvoreado, o en infusión (no es agradable el sabor, se puede mezclar con otras hierbas o si se desea endulzar, ver los edulcorantes). **Contraindicado en menores de 6 años, personas con enfermedad de Crohn, síndrome del ...Continúa**

... intestino irritable, úlceras gastroduodenales, gastritis, colitis ulcerosa, en caso de epilepsia, Parkinson o cualquier otra enfermedad neurológica.

- Copalchi, (Copalchi, in english)

"Coutarea latífolia", planta originaria de México y Colombia, de su corteza se obtiene la latiflora, compuesto activo de propiedades **hipoglucientes, insulina vegetal mejorando la asimilación de los glúcidos.** Se utiliza principalmente la raíz, aunque también la corteza y hojas. **A dosis razonables es poco tóxico, seguir indicaciones de personal médico.**

- Corydalis cava, (Corydalis cava, in english)

"Corydalis cava", planta originaria de Europa central y meridional, desde Portugal hasta el Cáucaso. Contiene propiedades como la Coridalina, que ejerce un efecto inhibidor de la médula espinal, también alcaloides, especialmente los de la aporfina que producen un efecto similar al de la morfina. Ambas actúan de forma preanestésica que no altera las funciones respiratorias ni circulatorias. **Se utiliza, bajo prescripción médica, el extracto fluido hasta 2 gr. diarios, máximo.**

- Cúrcuma, (Turmeric, in english)

"Curcuma longa", originaria del suroeste de la India, utilizada desde el siglo VII a.n.e. De color amarillo o mostaza y sabor específico que da otro gusto a las comidas. Se consume espolvoreando, en enjuagues, como colorante, o para beber (sabor desagradable, mejor enmascarar), para cauterizar pequeñas heridas. **Contraindicada en embarazadas, lactantes, pacientes con problemas en la vesícula biliar, con la enfermedad de reflujo gastroesofágico (ERGE), recién operados (retarda la coagulación y causar sangrados adicionales).**

Descripciones de plantas letras D - E

- Desmodium
- Diente de león

- Eleuterococo
- Encina
- Eneldo
- Escaramujo
- Escarola
- Escutelaria azul
- Escutelaria china
- Espinazo del diablo, ver Kalonchoe
- Espinillo, ver Aromita
- Espino albar o Majuelo,
- Espirulina
- Estafisagria
- Estragón

- Desmodium, (Tick-trefoil or Tick clover, in english)

"Desmodium adscendens", originaria de Sierra Leona y norte de Liberia. **La planta de mayor importancia para problemas hepáticos.** Se usa mucho en infusiones, si se desea endulzar, ver los edulcorantes. También en cápsulas y extractos junto a plantas como el Cardo mariano, Alcachofa, Diente de león, Boldo, etc. En fitoterapia se usan los tallos y las hojas. **En dosis muy elevadas puede producir náuseas y diarreas,** dichos efectos se pasan al reducir la dosis. Su grado de toxicidad no es significativo, **se recomienda consultar con el médico o especialista.**

- Diente de león, (Dandelion, in english)

"Taraxacum officinale", la achicoria amarga, de origen europeo pero extendido al resto del orbe, se considera una mala hierba por invasiva. Es un gran depurativo para limpiar el organismo de las toxinas que acumulamos por una mala alimentación, malos hábitos, sedentarismo, etc. La manera más común de usar el diente de león es en infusión. También en emplastos, o se puede consumir fresca en ensalada. **No utilizar si se está tomando antibióticos,** disminuye su absorción. **Contraindicado en personas con piedras o cálculos en la vesícula, o riñones, acidez de estómago, reflujo, úlceras estomacales, alérgicos, los ...Continua en página siguiente**

... **que tomen medicamentos de litio o aquellos utilizados para aumentar las cantidades de potasio en el organismo.**

- Eleuterococo, (Siberian ginseng, in english)

"Eleutherococcus senticosus", pertenece a la misma familia que el Ginseng, procede de las estepas de Siberia, motivo por el que igualmente recibe el apelativo de "ginseng siberiano". Si se utiliza por deportistas, **puede dar positivo en dopaje.** Sus beneficios y propiedades son tan importantes y destacadas, que incluso después de interrumpir el tratamiento el refuerzo de la resistencia del organismo será constante y sostenido en el tiempo. **Antes de usar consultar con el médico si se ha sufrido o se padece:** infarto agudo de miocardio, arritmias cardíacas, hipertensión arterial grave, coronariopatías, infecciones agudas, fiebre.

- Encina, (Evergreen oak, Olm oak or Holly oak, in english)

"Quercus ilex", árbol que crece de manera natural en la cuenca Mediterránea. La corteza, flores y hojas son las partes con cualidades medicinales, con gran cantidad de taninos y otros principios activos útiles, mediante infusiones. **Contraindicado en embarazadas, lactantes, personas con anemias ferropénicas, de estreñimientos, gastritis, úlceras gastroduodenales, afecciones cardíacas, fiebre.**

- Eneldo, (Dill, in english)

"Anethum graveolens", originario del oriente del mar Mediterráneo, no se da bien en zonas frías, hierba muy aromática, se aprovechan tanto las semillas como las hojas, siendo habitual la utilización del eneldo en todos los guisos de pescado, ya que mejora y acentúa su sabor. También se usa espolvoreando en las comidas antes de servir o en infusión. **No recomendable en embarazadas, lactantes (solo bajo supervisión médica), menores de 12 años, personas que padecen gastritis.**

- Escaramujo, (Rose hip / hep / haw, in english)

"Rosa micrantha", fruto del rosal silvestre, conocido como Rosa canina, Rosa mosqueta o Tapaculo, al ser un excelente antidiarreico, con muchas propiedades beneficiosas para la piel. Suele florecer en primavera, y sus frutos (los escaramujos) maduran a finales del verano e inicio del otoño. Se utilizan los frutos, hojas, pétalos e incluso las raíces. **Su abuso puede causar estreñimiento ya que es alta en taninos.** Se toma en infusiones con otras hierbas para cada caso específico de la piel. Es habitual encontrar esta planta entre los ingredientes de cosméticos (con el nombre más dulce de "Rosa mosqueta"). **Consumir con moderación las embarazadas y lactantes,** podría llegar a generar **estreñimiento. Contraindicado las tinturas a base de alcohol en menores de 6 años o en proceso de deshabituación etílica.**

- Escarola, (Escarole, in english)

"Cichorium inthybus var. Foliossum", se cree su origen de la achicoria silvestre. Conocida también como Achicoria amarga, ambas como plantas desarrolladas de la comercializada Endivia (Escarola de hoja blanca). Las antiguas civilizaciones pronto descubrieron que este vegetal guardaba en sus rizadas y sabrosas hojas un buen número de propiedades por su alto contenido en vitamina C, que favorecen la formación de colágeno y glóbulos rojos, consiguiendo incrementar la absorción de hierro y ácido fólico. La forma habitual de consumir es en ensaladas. **No se conocen** contraindicaciones, se **recomienda consultar** con el médico o especialista

- Escutelaria azul, (Marsh skullcap, in english)

"Scutellaria galericulata", también llamada Casida, originaria del hemisferio norte europeo y americano, planta de flores violetas y azuladas con forma de campana. Existe la asiática Huang quin, que comparten sus raíces. Se utiliza tallos hojas y flores en infusión, aunque existen cápsulas. **Puede ocasionar efectos secundarios como:** somnolencia, confusión y aturdimiento. **Contraindicado en embarazadas y lactantes.**

- Escutelaria china, (Baikal skullcap, in english)

"Scutellaria baicalensis", una de las 50 plantas más utilizadas en la medicina tradicional china, conocida como Huan qin. Originaria de Asia central y Norteamérica. Se usa en remedios y preparados contra la fiebre, la infusión de la parte aérea de la planta. También existen tinturas y cápsulas. **Puede ocasionar efectos secundarios como:** somnolencia, confusión y aturdimiento. **Contraindicado el extracto durante el embarazo y la lactancia.**

- Espino albar o Majuelo
(Common hawthorn or Single-seeded hawthorn, in english)

Crataegus monogyna", arbusto originario de Europa, Asia y África. Se utilizan las hojas y las flores en capullo, corteza de ramas jóvenes y drupas secadas al horno, principalmente recolectadas en primavera en forma de sumidades florales. Se puede consumir en cápsulas de extracto seco y tinturas. Para obtener resultados, es necesario un tratamiento constante a razón de dos tazas de infusión diarias. Los síntomas cardiacos comienzan a mejorar notablemente a partir de un mes y medio de toma. Es necesario **suspender la administración si aparecen** arritmias cardiacas, somnolencia, molestias estomacales o sudoración anormal. **Durante el embarazo y lactancia, bajo supervisión** de un profesional de la salud. **Contraindicado en pacientes hipertensos, en tratamiento con heteróxidos cardiotónicos o benzodiacepinas.**

- Espirulina, (Spirulina, in english)

"Arthrospira máxima" y "Arthrospira platensis", son dos componentes de esta especie de alga considerada como un superalimento contra la pérdida de peso. No son suplementos nocivos. **Puede producir efectos secundarios como:** sed, estreñimiento, algo de fiebre, ligeros mareos, dolor de estómago, de cabeza, picazón o erupción en la piel. **Utilizar bajo control médico durante el embarazo, lactancia y personas con hipertiroidismo o hipotiroidismo por su contenido en yodo.**

- Estafisagria, (Lice-Bane or Stavesacre, in english)

"Delphinium staphisagria", originaria de la cuenca mediterránea, en España se encuentra en el Sur y Baleares. **Planta venenosa, utilizar solo preparados bajo control médico.** La estafisagria se usa en las mismas dosis que el Acónito, el Cólchico, la Thuya..., a veces es útil emplearla simultáneamente en uso tópico sobre las úlceras, herpes, etc. Se realiza la dosis **(bajo control médico o especialista),** con una parte de la tintura por diez de agua. **Bajo estricto control médico,** durante la menstruación. **Contraindicado en embarazadas y durante la lactancia.**

- Estragón, (Estragon or Tarragon, in english)

"Artemisia dracunculus", de origen asiático, muy apreciados en nuestras cocinas por el sabor que confiere a los alimentos. Como condimento de cocina no tiene prácticamente ningún riesgo. **Consumir con moderación y nunca diariamente:** embarazadas (abortivo y causar cólicos), personas con enfermedades que impliquen al intestino, de colon irritable o Crohn. **Contraindicado el aceite esencial, personas enfermas de cáncer, lactantes (produce cólicos).**

Descripciones de plantas letras F – G

- **Fresa**

- **Garbanzo**
- **Gatera**
- **Gaulteria**
- **Gayuba**
- **Gelsemio**
- **Genciana**
- **Geranio**
- **Ginkgo biloba**
- **Ginseng**
- **Girasol**
- **Goji**
- **Gordolobo**
- **Granadilla**
- **Granado**
- **Graviola**
- **Grosella espinosa, ver Amla**
- **Grosellero negro**

- Guamá
- Guamá candelón
- Guaraná

- Guindilla
- Guisante

- **Fresal / Fresa,** (Strawberry plant/Strawberries, in english)
"Fragaria", originaria de Eurasia, planta empleada como alimento y medicina desde muy antiguo. Los frutos son ricos en vitamina C, también poseen A y B, además de sales minerales y otras muchas sustancias. Las hojas para uso medicinal se recogen en verano cuando la planta está en flor. Las raíces se recolectan en primavera o en otoño. **Consumir con moderación personas en procesos diarreicos, alérgicas a la aspirina, con litiasis renal por oxalatos, con medicación anticoagulante o problemas para absorber el hierro.**

- **Garbanzo,** (Chickpea, in english)
"Cicer arietinum", se cree su origen en la zona Mediterránea oriental, leguminosa rica en hidratos de carbono de absorción lenta, por lo que proporciona energía, pero con unos niveles de azúcar en sangre muy controlados. **Controlar su uso en**: dietas de adelgazamiento, con elevados niveles de ácido úrico, hipertiroidismo, bocio o nódulos tiroideos. **Personas que padezcan de flatulencias o no puedan consumir mucha fibra insoluble es mejor comer eliminando la piel una vez cocinados.**

- **Gatera,** (Catnip, in english)
"Nepeta cataria", originaria de Europa, los romanos ya la utilizaban con fines curativos, **también contra la viruela y la escarlatina.** Su nombre se debe por sus efectos en el comportamiento de los gatos, tanto en los domésticos como en los de mayor tamaño (incluso en los grandes felinos). Se consume principalmente en forma de té, elaborando la infusión con una cucharadita de la planta ...**Continúa**

... por cada taza de agua, hervir, dejar reposar 3 minutos, colar y beber. También se puede utilizar en zumo, tintura, emplasto, mascada e incluso fumada. **Contraindicada en embarazadas.**

- Gaulteria, (Eastern teaberry, in english)

"Gaultheria procumbens", planta originaria de México y América del norte, principalmente en el noreste de USA y Canadá. Los usos medicinales son ampliamente conocidos desde hace muchos siglos, especialmente por los nativos americanos. Actualmente se utiliza en extracto o aceites. **Nunca ingerir el aceite esencial.** El aceite aplicado sobre el área afectada se absorbe rápidamente por la piel. El Salicilato de Metilo del aceite ayuda a adormecer el área y favorecer la circulación sanguínea proporcionando una sensación cálida. **Comprobar** en la piel **antes de usar** el aceite esencial, **por si produce reacciones alérgicas.**

- Gelsemio, (Yellow jessamine, Carolina jasmine or Jessamine, in english)

"Gelsemium sempervirens", originario de México y USA, llamado Jazmín de Carolina, trepadora vivaz de la familia Gelsemiaceae es una planta **altamente tóxica que puede ser mortal si se consume en gran cantidad.** Para excluir todo riesgo, la sustancia obtenida a partir de la raíz es diluida de manera sucesiva hasta que no queden rastros de toxicidad. **Usar solo bajo prescripción médica y elaboración farmacéutica.**

- Genciana, (Illyrian king plant or Gentius plant, in English)

"Gentiana", originaria de los Cárpatos, difícilmente se encuentra en otras cordilleras de Europa y Asia, está en peligro de extinción, recolectores desaprensivos la han puesto en riesgo ya que esta planta tarda en crecer. Hierba medicinal capaz de estimular las células glandulares digestivas, sus propiedades medicinales la transforman en una **planta estimulante del sistema inmune** al favorecer el crecimiento del número de leucocitos o células blancas del sistema inmunológico. Se utiliza las raíces por sus propiedades medicinales en tinturas. **Contraindicado en la lactancia, y personas con úlcera gastroduodenal,** ver forma de uso **en VI.**

- Geranio, (Geranium or Cranesbills, in english)

"Pelargonium × hortorum", es un híbrido con la Malva, en ciertos lugares le llaman Malvón, originario de la cuenca del Mediterráneo, crece en todas las zonas templadas del mundo existiendo más 400 especies. Hermosa planta con olor muy agradable que sirve también para alejar plagas de mosquitos en el jardín. Hay referencias del antiguo Egipto en su utilización como tratamiento holístico a través del tiempo para mejorar la salud física, mental y emocional. Se puede utilizar en forma de aceite las diferentes partes de la planta: hojas, tallos, raíces, flores. **No utilizar el aceite ingerido en los menores de 6 años**

- Ginkgo biloba, (Ginkgo or Gingko, in english)

"Ginkgophyta", árbol originario de China, Darwin lo llamó "fósil viviente". El extracto de las hojas se considera un eficaz remedio natural, se utiliza en forma de infusión con 50 gramos de hojas secas en 500 mililitros de agua y se beben unas tres tazas por día. **No consumir las semillas, son muy tóxicas.** Existen pastillas y extractos, **el extracto en exceso puede provocar:** problemas en la piel y dolor de cabeza. **Contraindicado en embarazadas, lactantes, menores de 6 años, diabéticos, hipertensos, epilépticos, consumiendo AAS (aspirinas), medicamentos anticoagulantes o antes de una intervención quirúrgica.**

- Ginseng, (Ginseng, Korean ginseng or Chinese ginseng, in english)

"Panax ginseng", crece en zona altas de Asia, desde Rusia, y en América del norte, desde México. Es una de las plantas medicinales más conocidas del mundo. Se utiliza la raíz, cuyos componentes incrementan la actividad cerebral, pero no la excitación nerviosa. Por otro lado, mejora el rendimiento y la resistencia física. Se recomienda tomar de uno a tres comprimidos de 500 mg por la mañana, después de desayunar y **durante cuatro o seis semanas, tras las cuales se debe descansar dos meses.** Puede conseguirse en distintas presentaciones, para infusiones, en pastillas, suplementos, caramelos etc. **Contraindicado en ...Continúa**

... embarazadas, lactantes, menores de 12 años, personas con insomnio, migrañas, jaquecas, hipertensión, varices, cardiopatías, hipertiroidismo e hipotiroidismo, diabéticos, con enfermedades autoinmunes como lupus o artritis reumatoide, y personas que han tenido un trasplante de órgano.

- Girasol, (Sunflower, in english)

"Helianthus annuus", originario de los montes tibetanos, crece de forma silvestre y su cultivo se ha expandido a muchas regiones del mundo. Otros lo sitúan del centro y norte de América. Su cultivo se remonta al año 1.000 a.n.e., pero existen datos que indican que fue domesticado en México al menos 2.600 años a. n. e. Las semillas poseen un alto contenido de calorías. **En grandes cantidades, no está recomendado su consumo en personas que presenten un marcado sobrepeso.**

- Goji, (Chinese wolfberry, in english)

"Lycium barbarum", también conocido como Licio, originario del Himalaya, sus bayas son unos de los mejores alimentos para combatir el envejecimiento y más denso en nutrientes sobre el planeta tierra por su amplio rango de fitonutrientes, antioxidantes, vitaminas, en sus diversas formas. **También** se puede tomar en jugos. **Mucho cuidado al comprar, que no lleve el conservante E-220, provoca:** diarreas, náuseas y dolores de cabeza. **No tomar si tienes alergia al polen.** Estudios que advierten de la **posible interacción** del anticoagulante **Warfarina** con el consumo de Goji al igual que los posibles **efectos secundarios con el medicamento Sintrom.** Consumir por las mañanas por su tendencia a provocar **insomnio.**

- Gordolobo, (Great mullein or Mullein, in english)

"Verbascum thasur", también conocida como Verbasco, originario de Europa y norte de África. Planta muy característica, **de color verde apagado con rosetas de flores amarillas pequeñas** en una vara alargada de la planta, crece en cualquier lugar y sus **propiedades son muy reconocidas. Puede interferir en medicaciones y potenciar** la acción de **los anticoagulantes. ...Continúa en página siguiente**

... **Contraindicado el aceite esencial en personas con el tímpano roto. Contraindicado el aceite esencial y la infusión ingerida en embarazadas, lactantes y menores de 12 años.**

- Granadilla, (Grenadia or Sweet granadilla, in english)

"Passiflora ligularis", planta trepadora de los Andes, domesticada en la época preinca. Tipo de maracuyá cuya pulpa está llena de semillas duras color negruzco, rodeadas por un aro gelatinoso transparente de color gris claro y aromático sabor ácido, se recomienda **integrar al bebé** como uno de los primeros alimentos. **Como efectos secundarios por consumo excesivo podemos citar:** náuseas, vómitos, dolor abdominal y diarrea. **Contraindicado a los alérgicos, en personas diabéticas** (por su alto contenido en azúcares), **en hepáticos o con régimen dietético** (por su aporte calórico).

- Granado / Granada, (Pomegranate, in english)

"Punica granatum", originaria de Persia (Irán), se cultiva desde hace más 5.000 años en Asia occidental. Su fruto entra en la simbología hebrea, cristiana y masónica. Fruta con un alto poder antioxidante, rica en vitaminas y múltiples beneficios medicinales. Se utilizan las semillas, flores, corteza, etc., y en muchos casos se recomienda su zumo para obtener sus propiedades más fácilmente. Sea cual sea la forma, se debe tomar al menos durante tres meses para valorar sus efectos. **Puede causar:** náuseas, vómitos, dolor abdominal y diarrea, por la ingesta excesiva de las semillas o el jugo, que rara vez persisten, desaparecen en un par de horas. **Evitar ingerir comidas aceitosas** junto con ella. **No consumir los alérgicos. Las personas con estreñimiento no deben abusar del zumo**

- Graviola, (Soursop, in english)

"Annona muricata", también llamada Guanábana, originaria de México, Caribe, Centro y Sudamérica. Se utiliza toda la planta, hojas, frutos (parecidos a la chirimoya), flores, tallos, raíces y corteza. **Consumir la fruta con moderación,** empezar con una dosis mínima e ir aumentando cada día o semana. La parte con más "poder" son las hojas en infusión. **En altas dosis puede alterar ...Continúa**

... la flora intestinal (estreñimiento o diarreas). **Contraindicado en embarazadas y personas con problemas cardíacos o sanguíneos.**

- Grosellero negro, (Blackcurrant, in english)

"Ribes nigrum", conocida también como Casis y Zarzaparrilla negra, es originario de Europa central y oriental. Con él se elaboran confituras, siropes o zumos. Las propiedades medicinales del grosellero negro con fines curativos son las hojas y brotes en infusiones, también los frutos tanto ingeridos o en zumos, e incluso el aceite obtenido de las semillas. **Bajo prescripción y control médico como diurético y contra el ácido úrico, en presencia de hipertensión, cardiopatías o insuficiencia renal moderada o grave. Contraindicado en embarazadas, y durante la lactancia.**

- Guamá, (Ice-cream-bean, in english)

"Inga edulis", existen más de 300 especies, el que se describe aquí es el llamado Ingá o Pacae, es un árbol originario de América central y sur, crece cercano a los ríos y lagos, sus vainas son comestibles y de propiedades terapéuticas. **No se conocen** contraindicaciones, se **recomienda consultar** con el médico o especialista.

- Guamá candelón, (Jamaican dogwood, in english)

"Piscidia piscipula", también conocida como Jabín, originaria de México, Cuba, Jamaica, Martinica, Brasil, y zonas costeras del Caribe. **No tomar alcohol durante el tratamiento con esta planta.** Se utiliza la corteza de la raíz, en tintura o extracto fluido. **Contraindicado en embarazadas, lactantes, menores de 12 años, enfermos de Parkinson, o con medicación que afecten el sistema nervioso.**

- Guaraná, (Guarana, in english)

"Paullinia cupana", originaria de norte de Brasil. **No se recomienda antes de acostarse,** la cafeína puede dar lugar a insomnio. Es un tónico excelente, se venden en cápsulas y bebidas. **Contraindicado en embarazadas, personas que consuman Efedrina, con enfermedades cardiovasculares, hipertensión, enfermedad renal, hipertiroidismo, trastornos de ansiedad y en los menores de 6 años.**

- Guindilla, (Chili pepper, in english)

"Capsicum frutescens", subgrupo del pimiento "Capsicum annuum", originaria de México y América del Sur, descubiertas por Colón y popularizadas en todo el mundo, han tenido diferentes **usos de tradición popular. El abuso puede producir:** diarrea, gastritis, y dañar el hígado y los riñones. **Consumir con moderación las personas con úlcera o acidez de estómago, hepatitis, hemorroides y embarazadas.**

- Guisante, (Pea, in english)

"Pisum sativum", el origen del guisante verde está relacionado con Oriente Medio y Asia Central donde se cultiva desde el siglo VIII a.n.e, avanzado el II a.n.e. se extendería por Europa. Es uno de los alimentos **recomendados para quien no puede consumir productos lácteos.** Se recomienda su consumo en todas las edades. **Para evitar problemas de gases,** consumir en forma de puré. **No se conocen** contraindicaciones, se **recomienda consultar** con el médico o especialista.

Descripciones de plantas letra H

- Harpagofito
- Henna
- Helecho polipodio
- Helicriso o Sol de oro
- Hidrocotyle
- Hiedra común
- Hierba de san Pedro
- Hierbabuena
- Higo chumbo / Tuna,
- Hinojo
- Hipérico
- Hydrastis o Sello de oro

- Harpagofito, (Devil's Claw, in english)

"Harpagophytum procumbens", originaria del sur de África. Se utiliza las raíces secundarias tuberosas troceadas, en infusión ingerida o en uso tópico y como cataplasma o emplasto. Se encuentra también en forma de extracto, comprimidos, cápsulas, cremas, pomadas, incluso la raíz troceada. **En casos muy puntuales ...Continúa**

... puede aparecer: síntomas de náuseas, diarreas o molestias gástricas. **Vigilar posible interacción con medicaciones antiarrítmicas.** Utilizar **después de las comidas y dosis según especialista,** pulverizado, en infusiones, extracto fluido o seco, tinturas, etc. Recomiendan la infusión: 4,5 g/300 ml. Tomar 100 ml cada 8 horas. Extracto fluido: 1:1 (g/ml) 1,5 ml cada 8 horas. Extracto seco: 400 mg-800 mg al día. **Contraindicado en embarazadas, lactantes, pacientes con úlcera gastroduodenal, gastritis, obstrucción de vías biliares y colon irritable.**

- Helecho polipodio, (Polypodium fern or Polypody fern, in english)

"Polypodium vulgare", se desarrolla en casi toda Europa, en los muros, bordes de rocas, troncos de árboles. Para los fines medicinales eliminar las partes verdes y secar a la luz del sol (almacenado en seco se puede conservar hasta 12 meses). El sabor de la raíz es dulce (contiene sacarosa), puede ser utilizada sin ningún inconveniente como edulcorante natural. El polvo es muy efectivo, se deben tomar unos 3 gr. al día (distribuidos en las distintas comidas). La decocción es la forma más generalizada de usar. Cualquier dosificación con contenido alcohólico **no utilizar en menores de 6 años,** ni personas con **problemas etílicos. No se conocen** contraindicaciones, se **recomienda consultar** con el médico o especialista.

- Helicriso o Sol de oro, (Helychrysum, in english)

"Helichrysum stoechas", planta silvestre que crece en la cuenca Mediterránea de áreas rocosas y suelos secos. Con ramilletes tupido de flores pequeñas que se utilizan en forma interna o en uso tópico (lavados, compresas). Existen diferentes presentaciones para infusión, extractos, jarabe y pomadas. **Su aceite esencial es neurotóxico, sólo usar en uso tópico. Contraindicado en embarazadas y lactantes, personas tomando:** anticoagulantes o medicamentos de efecto contrario, en caso de estar tomando corticoides o **con obstrucciones de las vías biliares.**

- Henna, (Henna, in english)

"Lawsonia inermis", arbusto de origen africano también conocido como Mehandi, Panwar, Shudi. Baja la temperatura del cuerpo humano, costumbre en el mundo árabe para refrescarse. Se utiliza en polvo (de las semillas) para comidas o en infusión. **Contraindicado en embarazadas (abortiva), lactantes, y en menores de 12 años, en cualquier modalidad.**

- Hidrocotyle, (Indian pennywort, in english)

"Hydrocotyle", originaria de India y China, muy usada desde hace 3.000 años en Oriente, con diferentes nombres como: Centella asiática, Hierba centella, Gotu Kola o Kola. Sus hojas secas o frescas y sus raíces se usan con fines curativos. En general en 2 o 3 semanas de tratamiento se logran resultados muy buenos. **En dosis altas (por su aceite esencial) es:** estupefaciente y narcótica, presentando cefaleas, vértigo, hipertensión, insuficiencia respiratoria. **En uso tópico cuidado** las personas con hipersensibilidad cutánea. **Hay varias presentaciones y formas como:** infusiones, gotas, comprimidos, geles, lociones, jabones, cremas faciales y corporales, extracto en polvo. Incluso se puede consumir en platos de origen oriental. **Consultar con el médico o especialista, ante posibles interacciones con:** medicación de antidepresivos o benzodiacepinas. **Contraindicada en embarazadas (abortivo), en tratamiento de fertilidad, lactantes, menores de 6 años, diabéticos, hepáticos, personas con colesterol alto o insuficiencia renal.**

- Hiedra, (Ivy, in english)

"Hedera hélix", es una planta trepadora de hojas perennes ampliamente utilizada con fines medicinales, y uno de los escasos supervivientes en Europa de la flora laurisilva de la era terciaria. **Puede producir:** sensibilización rinitis alérgica y síntomas de alergias tanto respiratorias como en la piel. **Sus frutos son tóxicos y pueden producir vómitos y diarrea.** La forma más usual de utilizar es en decocciones. **No se recomienda durante el embarazo y en lactancia. Existe una variedad tóxica (americana).**

- Hierbabuena, (Spearmint, in english)

"Mentha spicata", originaria del Medio Oriente y Asia. En **menores de 6 años y embarazadas** puede producir **anemia,** al inhibir la absorción del hierro. **En exceso puede causar daño hepático.** La forma de ingerir habitual es la infusión. **Mucha precaución los:** diabéticos, personas tomando antiácidos, ciclosporina, con hernia de hiato, de ERGE o enfermedad por reflujo gastroesofágico, medicados para el hígado o para la hipertensión.

- Hierba de san Pedro, (Cowslip primrose, in english)

"Primula officinalis" o "Primula veris", originaria de Europa y Asia, es comestible y para condimentar. Recolectar después de su desarrollo completo. Posee un tallo con gran cantidad de vellosidades en toda su extensión de aroma bastante desagradable que se esparce de forma instantánea. La infusión es de sabor agradable y muy buen bálsamo, puede ser administrado incluso en la infancia. **No contiene contraindicaciones** conocidas, se **recomienda consultar** con el médico o especialista.

- Higo chumbo / Tuna
(Pryckli pear, Indian fig opuntia or Barbary fig, in english)

"Opuntia ficus-indica", originario de México, fruto bastante desconocido en muchos países, difícil de recolectar y pelar. Se utiliza en la elaboración de diferentes productos de belleza como champú, cremas y geles por sus enormes cualidades medicinales, y un sirope de Tuna. **Precaución personas con infecciones urinarias. Contraindicado en personas con una ingesta de líquidos reducida, de patologías cardiacas o renales graves.**

- Hinojo, (Fennel, in english)

"Foeniculum vulgare", única especie de su género, originaria de la costa Mediterránea donde crece en estado silvestre. Se utiliza como infusión. **Contraindicado en pacientes con cáncer de mama o personas con hipertiroidismo. El aceite esencial es contraindicado en embarazadas, lactantes y menores de 6 años.**

- Hipérico, (Perforate St John's-wort, in english)

"Hypericum perforatum", también llamado hierba de san Juan, muy común en Europa de donde es originario. Crece en toda la península, desde el nivel del mar hasta las montañas más altas a 1.500 m., en los ribazos frescos, terrenos incultos y prados no excesivamente húmedos. Se utiliza la planta entera o flores, principalmente las sumidades florales de la parte alta del tallo. Se vende como hierba fresca o seca entera para infusiones y cocimientos, en polvo o en grajeas, polvo criogénico, tónicos, aceite, ungüentos y cremas dermatológicas, extractos, capsulas duras y blandas, ampollas. **Sus resultados están ampliamente contrastados** en depresiones suaves y moderadas, **sus efectos se observan a las dos o tres semanas de tratamiento**. Esta planta puede llegar a sustituir a los fármacos de origen químico con **mezclas** para **depresión con otras** patologías añadidas. **Como efectos secundarios, a algunas personas puede causar:** molestias gastrointestinales, sequedad de boca, nerviosismo y urticaria, por otra parte, las personas de piel u ojos claros han de evitar el sol mientras lo tomen. **Contraindicado el uso prolongado en embarazadas, lactantes y con medicamentos antidepresivos.**

- Hydrastis o Sello de oro, (Goldenseal, in english)

"Hydrastis canadensis", herbácea perenne y de las más populares vendidas en el mercado americano. Desde 1798 se conocen sus virtudes medicinales, recientemente ha ganado una reputación como antibiótico a base de hierbas, y potenciador del sistema inmunológico. **Utilizar solo bajo prescripción médica o especialista.** Se cultiva en Europa, el color de su rizoma y algunas marcas recuerdan antiguos sellos para lacrar cartas. Se encuentra también como bálsamo, tintura, polvo y comprimidos. **Contraindicado en embarazadas, lactantes, menores de 12 años, hipertensos o con problemas cardíacos.**

Descripciones de plantas letras I - J - K

- Incienso aromático
- Índigo o Añil

- Jara
- Jazmín
- Jengibre

- Kalonchoe
- Kiwi
- Kava
- Kudzu

- Incienso aromático, (Fragrant incense or Plectranthus, in english)
"Plectranthus Madagascariensis Marginatus", también llamado Incienso aromático o falso Coleo, es originario de la India, África tropical y algunas islas del Pacifico, hierba utilizada como ornamento. Es un falso incienso, existen unas 1.000 variedades de inciensos. **El aceite esencial es muy tóxico, no usar en infusión, tiene muchos riesgos,** puede **ocasionar la muerte** en dosis mayores de **2gr. por litro en niños,** y **10 gr./ litro en adultos.** Utilizar solo **quemado o mezclado con otras plantas aromáticas.**

- Índigo o Añil, (Guatemalan indigo plant, in english)
"Indigófera suffruticosa", originaria del trópico americano, en Perú se distribuye en la costa y la Amazonía, planta silvestre que crece desde el nivel del mar hasta los 1.100 m., a las orillas de caminos, arroyos o riachuelos, asociada a vegetación de bosques tropicales caducifolio y perennifolio, matorral xerófilo y pastizal. **La sobredosis como purgante puede presentar diarreas severas y espasmos.** Considerada una **planta tóxica.** Se utiliza en polvos habitualmente. **Mejor utilizar pomadas ya preparadas. Contraindicada en embarazadas y durante la lactancia.**

- Jara, (Cistus or Rockrose, in english)
"Cistus", originaria del sotobosque Mediterráneo. **Planta tóxica** cuyo manejo debe dejarse en manos de personal especializado y **no en forma** casera. Con fines ...**Continúa en página siguiente**

... medicinales interesan las hojas y la oleorresina, llamada ládano, se extrae de las sumidades floridas la esencia de jara, **esta esencia es muy tóxica, mejor utilizar los preparados.** Es rica en una sustancia llamada Ladaniol, masa pastosa que se ablanda fácilmente por acción del calor. **No consumir en el caso de enfermedades autoinmunes. En grandes cantidades puede llegar a ser tóxica para el hígado y sistema nervioso.**

- Jazmín, (Jasmine, in english)

"Jasminum", flor aromática codiciada por su exquisito perfume, el té de jazmín es el más consumido en China desde hace siglos. Existen 300 variedades, algunas con flor amarilla. Se utilizan con fines terapéuticos las flores, principalmente en infusión con té verde, aunque puede hacerse con otros según el gusto. **Las embarazadas y lactantes pueden consumir dosis moderadas de jazmín sin efectos secundarios** o perjudiciales. **Consumido en exceso, puede presentar efectos secundarios como:** ansiedad, insomnio, mareos, palpitaciones.

- Jengibre, (Ginger, in english)

"Zingiber officinale", originario de Asia y este de USA, tubérculo de sabor picante cubierto de una piel marrón. Es una planta sensacional también como ingrediente muy utilizado en la gastronomía. Tradicionalmente ha sido y es una de las plantas más populares en la medicina tradicional china. Se puede utilizar espolvoreada, como ingrediente en los guisos o en infusión (enmascarar, puede ser de sabor desagradable). **Contraindicado en embarazadas, lactantes, diabéticos, personas con cálculos biliares, gastritis, úlceras gastroduodenales, colon irritable, colitis, enfermedad de Crohn, en tratamiento con fármacos para la circulación sanguínea, anticoagulantes, o contra la hipertensión.**

- Kalonchoe, (Kalonchoe or Devil's backbone plant, in English)
"Kalanchoe daigremontiana", originaria de Madagascar se conoce comúnmente como Calanchoe, o Aranto. El género Kalanchoe comprende unas 125 especies de la familia de las Crassulaceae. Planta de tallo erecto, puede alcanzar hasta 1 metro de altura. **No conviene usar por largos periodos de tiempo** si no es para tratamiento. Tomar como **máximo 5 gr. por kilo de la persona a tratar, y día**. Hojas de sabor acidulados, la **infusión** se prepara con 30 gr. de hoja fresca en 3 tomas al día (antes de cada comida). Añadir agua de su zumo para dar más volumen a la infusión. Se puede comer **crudas** en ensaladas. Existen extractos fluidos. **Consultar con el médico** personas con cardiopatías. **Contraindicado en embarazadas (por su efecto abortivo).**

- Kava, (Kava or Kava-Kava, in english)
"Piper methysticum", planta de la Polinesia, se utiliza la raíz, de efectos calmantes tan acentuados que se le ha llegado a comparar con el Valium, pero no produce efectos nocivos ni secundarios cuando se consume inteligentemente. **Consumir con precaución, al ser una planta tóxica,** en altas dosis **podría causar** un estado de **"embriaguez"** similar al alcohol, afectando el razonamiento, la coordinación y elocuencia. **Contraindicado en embarazadas, enfermos hepáticos y renales, o personas con medicamentos para la ansiedad o la depresión.**

- Kiwi, (Kiwi, in english)
"Actinidia deliciosa", originario de China, son muchas sus propiedades y beneficios debido a los nutrientes que aporta. **Por su contenido de potasio, lo deben tener en cuenta personas de insuficiencia renal y las que requieran dietas especiales controladas en este mineral.**

- Kudzu, (Kudzu or East Asian arrowroot, in english)
"Pueraria lobata", planta originaria de China, de sus raíces se obtiene un ingrediente sumamente popular en Japón, conocido por su delicada textura, **no contiene gluten, ...Continúa en página siguiente**

... ideal para celíacos, y muy fácil de digerir. En la cocina se utiliza como espesante, una cucharadita de kudzu equivalente a dos cucharadas de harina de trigo o a una cucharada de harina de maíz. También se puede beber. **No se** conocen **contraindicaciones**, se recomienda **consultar con el médico** o especialista.

Descripciones de plantas letra L

- **Lavanda**
- **Lechuga virosa**
- **Levístico o Apio del monte**
- **Limón**
- **Lobelia**
- **Loto**
- **Lúpulo**

- Lavanda, (Lavender, in english)
"Lavandula angustifolia", también llamada Espliego, originario del Mediterráneo, de vistosas flores violetas o azuladas y, de aroma característico y agradable. Se utilizan las flores como aceite esencial o en infusión. **En uso tópico se recomienda diluir el aceite**, calienta donde se aplica, a veces puede doler a los bebés y niños.

- **La infusión, no utilizar ante las siguientes patologías:** epilepsia, gastritis, enfermedad de Crohn, síndrome del intestino irritable, enfermedades del hígado, neurológicas, Parkinson, colitis.

- **Aceite esencial,** en problemas de respiración como resfriado, se aplica cercana al cuello o pecho, relaja los músculos alrededor de la aplicación permitiendo una respiración correctamente. **Puede empeorar los síntomas de las enfermedades:** síndrome del intestino irritable, colitis, enfermedad de Crohn, diarreas, aparato digestivo, dolor de cabeza y musculares, hinchazón abdominal y sangre en las heces. **Contraindicado con dermatitis, en embarazadas, lactantes y menores de 6 años.**

- Lechuga virosa, (Bitter lettuce, in english)
"Lactuca virosa L", también llamada Lechuga salvaje, originaria de Asia central, papiros egipcios datados hacia el 1.600 a.n.e. documentan su utilización para diversas dolencias. Sus flores son amarillas de olor desagradable. **Se emplea en sustitución del opio, pero sin efectos secundarios nocivos.** En la actualidad **se utiliza principalmente en forma de jarabe** calmante asociado al Lúpulo. No se debe sobrepasar las dosis indicadas, **el jugo o latex es tóxico** en dosis elevadas, **usar solo bajo control facultativo**. Se puede recurrir a la Lechuga común ya espigada.

- Levístico o Apio del monte, (Lovage, in english)
"Levisticum officinale", originaria de Asia central, extendida a los países ribereños del Mediterráneo occidental. Se utilizan principalmente las raíces (seco tiene un olor arómatico) y en menor medida sus hojas, semillas y los tallos jóvenes en infusión, existe en tinturas. La planta fresca puede producir dermatitis de contacto (furocumarinas). Se puede utilizar como condimento culinario. Para realizar la infusión utilizar una cucharada de café por taza, hervir 5 minutos y tomar 2 o 3 veces al día. **La utilización de su aceite es contraproducente con insuficiencia renal. Puede ocasionar malestar y vértigos. Contraindicado durante el embarazo. Como diurético en presencia de hipertensión, cardiopatías o insuficiencia renal, sólo por prescripción y bajo control médico.**

- Limón, (Lemon, in english)
"Citrus × limón", originario del nordeste de Asia, introducido en Europa a través de España por los árabes, es un fruto con múltiples propiedades sobre todo tomado en ayunas, es más digerible y menos perjudicial disuelto en agua. **En grandes cantidades podría ocasionar:** acidez, malestar estomacal, náuseas, dolor de cabeza, diarrea, afecta al esmalte dental exponiéndole a las caries (mejor beber con una pajita). **Contraindicado durante los 3 primeros meses de embarazo, ...Continúa en página siguiente**

... durante la lactancia, personas enfermas de gastritis, úlceras pépticas, anemia, raquitismo, desmineralización, gingivitis, llagas, descalcificación ósea, y grietas en la boca o lengua anemia, raquitismo, desmineralización, descalcificación ósea, gingivitis, llagas y grietas en la boca o lengua.

- Lobelia, (Edging lobelia, in english)
"Lobelia erinus", originaria de Sudáfrica e introducida en Europa durante el siglo XVIII, se utiliza en infusiones, gargarismos, polvos, extractos, cápsulas. **Planta altamente tóxica. Solo bajo prescripción médica en forma y dosis controladas. No prescribir simultáneamente con medicamentos**: neurolépticos ni con otros con alcaloides. **Contraindicada durante el embarazo, la lactancia, y en personas con hipertensión.**

- Loto, (Indian lotus or Lotus, in english)
"Nelumbo nucifera", de la misma especie que el Nenúfar, pero diferente, el Nenúfar está en reposo sobre el agua, el Loto parece emerger de ella. Originaria de Oriente Medio, la flor apenas dura abierta unos cuantos días, y exhala un perfume especial. Se puede consumir: la flor, el rizoma (o raíz), semillas e incluso las hojas para sopas livianas. El rizoma crudo previamente cortado se come tal cual es, sobre todo en platos grasientos. Existe esencia (muy cara). De la raíz desecada se hace una tisana muy popular, se puede consumir sola o mezclada con otras hierbas como Té verde. **No tomar 2 semanas antes de una intervención quirúrgica.** Como efectos secundarios podrían citar: **flatulencias, estreñimiento, irritaciones gastrointestinales.** Disminución de la **presión arterial** y tener **actividad antiarrítmica** (se utiliza para tratar latidos anormales del corazón), **es anticonceptiva. En riesgo de sangrado** podría producir su incremento. **Contraindicado en embarazadas o lactantes** (debido a la falta de evidencia científica). **Pacientes diabéticos, con trastornos hemorrágicos, estreñimiento y distensión estomacal** (hinchazón).

- Lúpulo, (Hops, in english)

"Humulus lupulus", originaria de Europa, Asia occidental y Norteamérica, se reconoce fácilmente por la particularidad de ser trepadora cuyos tallos se enrollan siempre hacia la derecha y crece cercana a los ríos o zonas con humedad. En algunas personas, **las flores pueden causar dermatitis por contacto.** Para los remedios medicinales se puede utilizar ingerida o en uso tópico la infusión de flores o granos, también en zumo **En dosis excesivas puede provocar:** náuseas y vómitos. **Las embarazadas y lactantes, antes de consumir, consultar con el médico o especialista.**

Descripciones de plantas letra M

- **Maca**
- **Madreselva**
- **Magnolia**
- **Maitén**
- **Mandioca o Yuca**
- **Manzana**
- **Manzanilla**
- **Margarita**
- **Marrubio**
- **Martagón**
- **Mate**
- **Mayorca**
- **Mejorana**
- **Melisa**
- **Melocotón**
- **Melón**
- **Membrillo**
- **Menta**
- **Menta de lobo**
- **Menta japonesa**
- **Mentastro**
- **Miel**
- **Milenrama, ver Aquiliea**
- **Mimosa**
- **Mirra**
- **Mirto**
- **Mostaza blanca**
- **Muérdago**
- **Muira puama**

- Maca, (Maca, in english)

"Lepidium meyenii", originaria de los Andes del Perú y Bolivia, se cultiva a una altitud de 2.700 a 4.300 metros sobre el nivel del mar, y ha sido cultivada en los Andes peruanos durante casi 2.600 años. **Al inicio de tomar maca, se puede experimentar:** insomnio e hiperactividad, aunque pueden ser síntomas de desintoxicación. El insomnio podría evitarse no consumiéndola por la tarde o noche (al principio). Es aconsejable consumir sola con agua o mezclándola con vegetales, sopas o caldos entre **1 y 3 cucharadas de polvo al día.** Si se toma a diario, es conveniente **librar un día cada semana. Contraindicado durante el embarazo y la lactancia, o consultar con el especialista.**

- Madreselva, (Honeysuckle, in english)

"Lonicera xylosteum" o "Lonicera caprifolium", en la Península Ibérica la Madreselva común crece en todas partes, originaria de Europa, hay tres especies comestibles, norte, sur y centro de Europa, también las de Altai y Kamchatka (ambas en Rusia). Existen 14 especies de Madreselva silvestre. Por su acción desintoxicante se utilizan los **brotes frescos para** tratar las **intoxicaciones por setas.** El uso habitual son las **infusiones de la corteza,** o de las **flores blancas** (crecen junto con las amarillas). Existen jarabes elaborados. **La principal diferencia comestible de las bayas es el color,** las de color casi **negro o azul, se puede comer,** pero las de tonos **anaranjados o rojos son venenosas.**

- Magnolia, (Southern magnolia or Bull bay, in english)

"Magnolia grandiflora", árbol muy antiguo originario de China, hay registros de varios miles de años. Para los remedios se emplea principalmente la corteza y las flores en ocasiones. **Utilizar extractos ya elaborados,** que, junto a los suplementos incluidos, son extremadamente potentes. **En grandes dosis causa:** vértigo, mareos y dolores de cabeza. **La corteza puede causar:** parálisis respiratoria en animales y en menores de 12 años. **Contraindicado en embarazadas, menores de 12 años, en personas con insuficiencia hepática, de bazo o estómago.**

- Maitén, (Mayten, in english)

"Maytenus boaria", árbol originario de Chile, el pueblo mapuche utilizó esta planta como purgante y contra venenos. Sirve de antídoto para curar las erupciones cutáneas producidas por el Litre. Se pueden preparar infusiones con las hojas secas y las semillas, otra opción muy recomendada es utilizarla para realizar vapor o lavados con ellas para uso externo. **Precaución las personas con estómagos sensibles o cuando se sospeche de la presencia de afecciones intestinales.**

- Mandioca o Yuca, (Cassava, Yuca or Manioc, in english)

"Manihot esculenta", originaria de América, desde el sur de Mesoamérica al y Caribe. Para usos terapéuticos se utilizan la hierba, raíz y corteza en extractos. **Los extractos pueden provocar efectos colaterales menores en algunas personas, como:** malestar estomacal, náuseas e irritación bucal. Una dosis efectiva de extracto sería entre 2 a 4 gr. por día. El té que se prepara utilizando extracto herbal puede tomarse hasta tres veces al día. **La sobredosis** o el **uso** de la hierba **a largo plazo** podrían producir **diarrea.**

- Manzana, (Apple, in english)

"Malus domestica", planta domesticada hace más de 15 mil años, de origen caucasiano a orillas del Mar Caspio, introducida en Europa por los romanos. Es una de las frutas más completas y nutritivas. Se están realizando estudios sobre las semillas como anticancerígenas con resultado sorprendentes y beneficiosas contra todo tipo de cánceres. **Las contraindicaciones de las manzanas son principalmente por su mal consumo,** al ser muy verdes, si no se mastica bien o están mal lavadas. **Las manzanas ácidas son perjudiciales para:** personas que sufren de estreñimiento, estrechez uretral y afecciones graves del estómago por el exceso de ingestión (peor si no están lo suficientemente maduras). **Las manzanas agrias están contraindicadas para personas con úlcera de estómago.**

- Manzanilla, (Chamomile or Camomile, in english)

"Chamaemelum nobile", conocida como Manzanilla común o Manzanilla romana, es originaria de Europa, hierba aromática anual de la familia de las compuestas que puede alcanzar hasta los 60 cm. de altura. Crece en tierras cultivadas, en terrenos arenosos y baldíos. El uso habitual es la infusión ingerida o de uso tópico, existe aceite esencial. **Contraindicado el aceite esencial en embarazadas (abortiva), en menores de 6 años. No debe ser mezclado con alcohol.**

- Margarita, (Daisy or Bruisewort, in english)

"Bellis perennis", originaria de la zona occidental, central y norte de Europa. Se utilizan sus flores y hojas para el tratamiento de una amplia variedad de trastornos. **Las infusiones ingeridas (consultar con el médico o especialista),** puede afectar y **ocasionar coágulos sanguíneos.** También puede **atrofiar el crecimiento (no comprobado científicamente).** Mejor utilizar en uso tópico, **sobre todo y siempre, en los menores de 12 años.**

- Marrubio, (Horehound or White horehound, in english)

"Marrubium vulgare", originaria de Eurasia y norte de África, planta con numerosas vellosidades que despiden un agradable aroma muy parecido a las manzanas. Crece de forma silvestre en lugares abandonados o a lo largo de los bordes en carreteras o caminos, al pie de muros, en terrenos baldíos, entre escombros, etc. Se utilizan las hojas y las ramas en infusión, se prepara al verter en 200 ml de agua hirviendo, una cucharadita de Marrubio y algo de Menta unos 3 minutos más. Reposar unos minutos, colar y beber enseguida, entre dos y tres tazas al día 10 minutos después de las comidas. Se venden en cápsulas y tintura. **Contraindicado en embarazadas.**

- Martagón, (Martagon lily or Turk's cap lily, in english)

"Lilium martagon", también conocida como Lily martagón, planta de origen oriental que se extiende desde Portugal hasta Mongolia, suele crecer en zonas montañosas entre hayedos, robles, encinares. Desprende un **fuerte olor** que puede causar ...**Continúa**

... mareos en algunas personas. Se utiliza habitualmente la infusión de los tallos, bulbos, hojas y flores (existen de color rosáceo y blanco). Se prepara con un bulbo de aproximadamente 15 gr. verter agua hirviendo y poner en infusión durante 15 minutos, colar y tomar tres veces al día. **No se conocen** contraindicaciones, se **recomienda consultar** con el médico o especialista.

- Mate, (Yerba mate, in english)

"Ilex paraguariensis", originaria de Sudamérica, concretamente de la cuenca del Paraná y afluentes del río Paraguay. Se consume principalmente preparando una infusión, a dosis altas es estupefaciente y narcótica, presentando cefaleas, vértigos, hipotensión, insuficiencia respiratoria. El aceite esencial es el principal responsable de la toxicidad de esta planta. **Contraindicado en menores de 12 años, embarazadas, lactantes, pacientes con tratamiento cardiaco, diabetes, glaucoma, gastritis, acidez, úlcera estomacal, ansiedad, insomnio, depresivo, alteraciones nerviosas, hipertensión.**

- Mayorca o Mayorga, (Devil's backbone, in english)

"Pedilanthus tithymaloides", originaria de México, Centro América e Indias occidentales, de uso muy antiguo. Arbusto de jugo lechoso, llamada en Cuba, Ítamo Real. Flores de color rosa o púrpura. Frutos en cápsulas, cuando se secan se abren en tres partes, con tres semillas. Con fines curativos se emplea las hojas (en infusión 10 % por litro, **solo en enjuagues, sin tragar) y su látex (diluido).** La raíz es abortiva. **No se conocen** contraindicaciones, aunque se **recomienda encarecidamente consultar** con el médico o especialista.

- Mejorana, (Marjoram, in english)

"Origanum majorana", originaria de la cuenca Mediterránea oriental, cultivo muy extendido en España, se utiliza para las hierbas provenzales. Planta de medio metro de altura. Flores de pequeño tamaño de color blanco o rosado y aroma parecido al orégano. **Fresca puede provocar irritación de los ojos y piel**. El uso habitual es en infusión tres tazas al día. **...Continúa en página siguiente**

... **Contraindicada en embarazadas, lactantes, menores de 6 años, personas con problemas de hematuria (sangre en la orina), úlceras gastroduodenales, hepáticos, gastritis, la enfermedad de Crohn, colon irritable, Parkinson, y enfermedades neurológicas.**

- Melisa, (Lemon balm or Melissa, in english)

"Melissa officinalis", también llamada Hierba limón o Toronjil, planta endémica de la costa mediterránea, aromática, con cierto olor a limón. **Contraindicado el aceite esencial por vía oral.** El uso más común es la infusión. **Dosis inadecuadas puede producir:** gastroenteritis, náuseas, vómitos y dolor abdominal. **No utilizar con:** antidepresivos de síntesis, antihistamínicos, narcóticos u otros sedantes. **Contraindicada en personas con hipotiroidismo.**

- Melocotón, (Peach, in english)

"Prunus pérsica", llamado Durazno, en China se cultivaba 2.000 años antes de que fuera conocido por los antiguos griegos y romanos, fue introducido en Europa al principio de la era cristiana. **No recomendable consumir de forma frecuente los menores de 6 años,** puede producir diarreas y dolores de estómago. Tampoco personas con padecimiento de **Tiroides.**

- Melón, (Muskmelon, in english)

"Cucumis melo", de origen incierto de Asia Central o de África. Crece en climas cálidos no muy húmedos con mucha luz. Existen muchas variedades: **Piel de sapo (el más común,** de corteza, verdosa y rugosa, pulpa color blanquecina), **Galia (**piel algo rugosa de un color amarillo-verdoso y con estrías, pulpa de color blanco-amarillento), **Amarillo, Cantaloup** (piel algo rugosa de un color verdoso, pulpa anaranjada), **Honeydew** (pulpa de color verde o anaranjada). **Tendral** (corteza verde oscura), **Rochet** (pulpa de color blanco-amarillento). **Contraindicado el exceso en embarazadas, lactantes, menores de 6 años, pacientes con diabetes, o personas con problemas vesiculares, anorexia, estrés, ansiedad.**

- Membrillo, (Quince, in english)

"Cydonia oblonga", originario de Irán y Turquía, pero cultivado en amplias zonas del planeta. **La pulpa y las semillas** del fruto son las que poseen cualidades **medicinales**. Se puede consumir crudo, cocido, asado, dependiendo el gusto o las necesidades de uso. **No se conocen** contraindicaciones, se **recomienda consultar** con el médico o especialista.

- Menta, (Mint, in english)

"Mentha", planta milenaria que se encuentra en todos los continentes, es parecida a la hierbabuena y compuesta fundamentalmente por agua, fibra, proteínas, minerales, vitaminas y aminoácidos. A partir del aceite esencial de menta se extrae el Mental, un tipo de alcohol descubierto hace miles de años en Japón, con él se elabora el Mentol o Pippermint. Normalmente se comercializa la **Menta piperita,** un híbrido estéril obtenido del cruce de la Menta acuática y la Hierbabuena, pero con las mismas propiedades que la Menta. **No abusar del consumo de Mentol, empeora los síntomas en personas con:** úlceras digestivas, **hernia de hiato** o **acidez estomacal. Contraindicado los aceites esenciales (Mentol) en embarazadas y lactantes, personas con patologías hepáticas, colitis ulcerosa o diarrea.**

- Menta de lobo
(Virginia water horehound, European bugleweed, in english)

"Lycopus virginicus" o "Lycopus europaeus", son dos variedades similares en propiedades, es originaria de América del Norte (Virginia) y Europa, se ha utilizado desde tiempos inmemoriales, la Menta de lobo es uno de los muchos nombres comunes de una especie con flores perennes que se utiliza comúnmente para fines medicinales. Cada primavera la planta florece con flores de color púrpura brillante. **No ingerir en medicación relacionados con las hormonas, quimioterapia, sedantes.**

- Menta japonesa, (Wild mint, or Corn mint, in english)

"Mentha arvensis", originaria de Asia, es similar su aspecto a las especies europeas, pero más fuerte, alcanza un tamaño de 40 cm de altura, con hojas de color verde y fuerte olor a Mentol. **Consultar con el médico antes de utilizar el aceite esencial** puede generar irritaciones en los ojos y en la piel. **Para aprovechar sus beneficios medicinales,** colocar 2 o 3 gotas de aceite en 1 vaso con agua tibia y tomar 2 veces al día. También se pueden realizar gárgaras con este preparado o calentarlo bien e inhalar el vapor. Para uso externo se puede se coloca las gotas de **aceite** en un paño y se pasa en la zona afectada. **Contraindicado en embarazadas, lactantes, menores de 6 años, y personas epilépticas.**

- Mentastro, (Pineapple mint, in english)

"Mentha suaveolens", llamada Mastranzo y Hierbabuena de burro, de origen europeo, rara al norte de Europa, sus propiedades son muy parecidas a las mentas, crece en zonas cercanas a humedales entre juncos y zarzas. **Es algo tóxica.** La forma de utilización es en infusión. **Contraindicada en embarazadas, lactantes y en menores de 6 años.**

- Miel, (Honey, in english)

Otra excepción de este libro se menciona al ser producido por las abejas a partir de las flores. Alimento aconsejado a la hora de reforzar nuestro sistema inmunológico, opción natural excelente por sus cualidades antibacterianas y antimicrobianas. **No adecuada para:** diabéticos, personas con una dieta para perder peso, o que lo desean controlar, (hay excepciones). **Contraindicado en menores de 1 año, puede contener esporas, causa de Botulismo y Alergias.**

- Mimosa, (Silver wattle or Mimosa, in english)

"Acacia dealbata", de origen australiano, árbol también conocido popularmente con el nombre de Acacia mimosa, de flores agrupadas de colores amarillos dorados y realmente aromáticos. Se utilizan sobre todo las flores y los brotes para realizar el aceite esencial, no tóxico, no actúan como irritante de la piel. ...**Continúa**

Se utiliza por vía oral de 2 a 3 gotas al día. En uso tópico 1 gota localmente. **No se conocen** contraindicaciones, se **recomienda consultar** con el médico o especialista.

- Mirra, (Myrrh or African myrrh, in english)
"Commiphora myrrha", originaria de Somalia y regiones africanas. Crece en el Medio Oriente. Para preparar la **infusión** utilizar de 1 a 2 cucharaditas de hierba bien pulverizada de Mirra y el equivalente a una taza de agua. Hervir el agua y en el momento de ebullición añadir la Mirra y dejar hervir 3 minutos más. Reposar otros 3 minutos, colar y beber. **El aceite esencial no se debe ingerir ni aplicar directamente en la piel**, diluir en arcilla, en aceite vegetal o champú. **Contraindicado en embarazadas y lactantes.**

- Mirto, (Myrtle, in english)
"Myrtus communis", también llamado Arrayán, arbusto originario de Oriente Medio, famosamente conocido por el Patio de los Arrayanes de la Alhambra de Granada en España. Se cultiva como planta ornamental en jardines y parques ubicados en zonas libres de heladas. En usos medicinales se utiliza la infusión, también **el aceite esencial** que se extrae de las hojas **puede ser de color:** de claro a amarillo, naranja o amarillo-verdoso. **En raras ocasiones pueden ocasionar:** cefaleas y náuseas. **Contraindicado en embarazadas, lactantes, menores de 6 años, en pacientes con gastritis, úlceras gastroduodenales, intestino irritable, enfermedad de Crohn, colitis ulcerosa, hepáticos, epilépticos, enfermos de Párkinson y cualquier enfermedad neurológica, o en proceso de deshabituación etílica.**

- Mostaza blanca, (White mustard, in english)
"Sinapis alba" o "Brassica alba", originaria del Mediterráneo, las semillas y las hojas poseen las cualidades medicinales. Existen preparados para distintos fines, y **mostaza dulce elaborada** para consumo de los más pequeños. Se puede consumir la semilla espolvoreando en las comidas e infusiones. **En uso tópico puede** generar inflamaciones en la piel. **Contraindicado en personas con inflamación y molestias intestinales, urinarias y de estómago.**

- Muérdago, (Mistletoe, in english)

"Viscum álbum", **planta parásita y tóxica**, enraíza sobre otras plantas y árboles, como el Pino. Planta sagrada para los druidas de la cultura céltica tradicional, en Asterix y Obelix hay continuas referencias a él. **Especie protegida,** no recolectar de manera indiscriminada, las bayas de Muérdago no ingerirse, ni en dosis muy bajas, puede producir alteraciones nerviosas y cardíacas muy graves, **existen productos elaborados para utilizar solo bajo supervisión médica.** Se utiliza la raíz, hojas y ramas jóvenes en los remedios, habitualmente en forma de inyectables. **No utilizar formas de dosificación con contenido alcohólico por personas con problemas etílicos. Contraindicado en embarazadas, lactantes y menores de 16 años, personas con cardiopatías, insuficiencia renal, enfermedades hepáticas.**

- Muira puama, (Muira puama, in english)

"Ptychopetalum olacoides", se encuentra en la selva Amazónica. Su raíz y corteza son utilizadas por los pueblos indígenas de Río Negro (América del Sur) para tratar una gran variedad de enfermedades, se venden distintas formas de preparados. **No consumir bajo tratamiento con:** psicofármacos alopáticos, antidepresivos, ansiolíticos o tranquilizantes. **Contraindicado en embarazadas, lactantes, menores de 12 años y personas hipertensas.**

Descripciones de plantas letras N - Ñ

- **Naranjilla**
- **Naranjo amargo**
- **Naranjo dulce**
- **Nectarina**
- **Nenúfar**
- **Neroli**
- **Niaoulí**
- **Noni**
- **Nueces**
- **Nuez de Brasil**
- **Nuez de Cola**
- **Nuez moscada**
- **Ñame silvestre**

- Naranjilla, (Naranjilla, in english)

"<u>Solanum quitoense</u>", también llamada Lulo, fruta típica de los Andes, crece de forma espontánea, el fruto es similar a un tomate amarillo redondeado, de pulpa verdosa normalmente y de sabor ácido. Madura puede procesarse con su cáscara, aumentando el nivel de beneficios al aprovechar los minerales y fibra contenidos en su parte externa. Normalmente se consume fresco o en jugo, influyen positivamente en el organismo consumido recién realizado, **a las pocas horas puede fermentar** y ser menos saludable. **Mucha precaución y prudencia en personas que sufren de úlceras gastrointestinales.**

- Naranjo amargo, (Bitter orange or Seville orange, in english)

"Citrus aurantium", es la especie más perfumada de las 15 que comprende el género Citrus. Las flores se utilizan en cosmética (agua de Azahar), la corteza para la elaboración del "Licor de Curaçao", el fruto para la fabricación de mermeladas y las hojas para infusiones. **Puede producir efectos adversos cardiovasculares en la frecuencia cardiaca, en la presión sanguínea,** no es conveniente su consumo conjunto a cafeína. El zumo puede provocar migrañas en personas sensibles a las mismas. Se utilizan los frutos, ingeridos o externamente, las hojas y flores en infusión, también su aceite esencial, llamado Neroli (se trata aparte más abajo). **Administrar el zumo con mucha precaución en: embarazadas y menores de 2 años,** nunca exceder las cantidades indicadas. **Contraindicado en personas con: hipertensión severa, diabetes mellitus, glaucoma e hipertrofia prostática, en tratamiento con IMAO** (antidepresivos inhibidores de la enzima Mono Amino Oxidasa). **Simultanear con medicamentos que contengan: Ciclosporina.**

- Naranjo dulce, (Orange or Sweet orange, in english)

"Citrus sinensis", se cree originaria de China y Japón, existe una variedad, la Naranja del tipo sanguina (pulpa y zumo s de color rojizo). **El consumo de naranja dulce ...Continúa en página siguiente**

... **en zumo o directamente, tiene muchísimas propiedades.** Sus hojas frescas, **hervidas durante cinco minutos** poseen unas efectivas sustancias que ayudan a mejorar nuestra salud. **Personas que noten que la naranja le produce gases,** tomar sólo el zumo y hacerlo fuera de hora o diez minutos antes de las comidas. **Contraindicado en personas con estómagos muy delicados.**

- Nectarina, (Nectarine, in english)
"Prunus persica var. nucipersica" fruta del árbol originario de China, Afganistán e Irán. Es una variedad del melocotón, la diferencia está en la piel, en lugar de aterciopelada es lisa y brillante, y de sabor más ácido que él. **Contraindicado el jugo de nectarina para los diabéticos.**

- Nenúfar, (Water lilies or Nymphaea, in english)
"Nymphaea", es de la misma especie que el Loto, pero plantas diferentes, mientras el nenúfar, está en reposo sobre el agua, parece emerger de ella. Utilizada desde la antigüedad desde Oriente a Occidente, crece en zonas de aguas estancadas o arroyos sin corriente y poca profundidad. Se la encuentra en el sur de Europa y el norte de África. Existen pomadas, aceites y extractos de nenúfar, se utilizan por sus propiedades curativas, la raíz y las flores, en infusión. **Contraindicada en embarazadas, lactantes, y menores de 12 años.**

- Neroli, (Neroli oil, in english)
"Citrus Aurantinuma", es el aceite esencial producido por la destilación a vapor de las flores del Naranjo amargo "Citrus aurantium". El aceite fue nombrado después del siglo XVI por la Princesa de los Ursinos en Nerola, Italia. **Como efectos secundarios puede causar:** malestar y dolor de cabeza en algunas personas. **Utilizado con demasiada frecuencia es adictivo.** Para tomar **por vía oral, consultar con un médico. Contraindicado en embarazadas, y menores de 6 años.**

- Niaoulí o Niaulí, (Niaouli or Broad-leaved paperbark, in english)
"Melaleuca quinquenervia", originario de Madagascar de la misma familia que el árbol de Té. Sus hojas aromáticas proporcionan un aceite esencial que posee virtudes relajantes y curativas. De olor alcanforado dulce y fresco. Es muy utilizado en los hospitales de Francia como antiséptico en obstetricia y ginecología. Se utiliza su aceite esencial en uso tópico, y en uso interno al ser antiinfeccioso, tanto antibacteriano como antiviral. **Contraindicado en personas con cáncer de mama, ovarios o útero, en embarazadas y menores de 6 años.**

- Nogal / Nueces, (Walnut tree / Nut, in english)
"Juglans regia", originario de Europa, del árbol **brotan flores tanto femeninas como masculinas.** Se utiliza consumiendo el fruto o la infusión de las hojas. **La hoja, aplicada en la piel puede causar:** acné, eccema, úlceras y otras infecciones de la piel. También pueden conducir a la **sudoración excesiva de las manos y los pies**. Aplicado asiduamente **puede causar cáncer de los labios,** al contener una sustancia llamada "Jugione". **No consumir en exceso las nueces si se está siguiendo una dieta** al ser rica en grasas, siendo ideal para coger peso. **Consumidas en exceso puede causar:** erupciones cutáneas e hinchazón en todo el cuerpo, también náuseas, dolor de estómago y diarreas, en personas sensibles. **Contraindicadas las esencias y suplementos del nogal por vía oral, en embarazadas, lactantes, personas con gastritis o úlceras duodenales o consumiendo cualquier medicación. Contraindicada la nuez, como un alérgeno, inseguro para las mujeres embarazadas, lactantes, asmáticos.**

- Noni, (Great morinda or Noni, in english)
"Morinda citrifolia", fruto originario de las islas polinesias, utilizado por los nativos para curar la mayoría de las enfermedades, se consume directamente o en zumo. **Contraindicado en embarazadas, lactantes, personas trasplantadas, afectados de insuficiencia cardiaca, que tomen anticoagulantes orales, con control de potasio en su dieta y enfermos renales terminales.**

- **Nuez de Brasil,** (Brazil nut, in english)

"Bertholletia excelsa", también llamado Coquito, fruto de árbol nativo de Sudamérica, específicamente de Bolivia, Brasil, sudeste de Colombia. Los cascarones contienen altas cantidades de aflatoxinas, sustancia tóxica natural que **puede causar cáncer de hígado.** El fruto tiene un alto contenido de Selenio de posible toxicidad, su exceso puede causar que las uñas y el cabello se vuelva frágiles y se caigan. **Los alérgicos a frutos secos deben de extremar los cuidados con este**, **al ser la más seria de las alergias**, llevando a consecuencias que pueden poner en peligro la vida. **Limitar su uso personas con colesterol o triglicéridos elevados. Contraindicado menores de 3 años.**

- **Nuez de Cola,** (Bitter kola, in english)

"Garcinia kola", planta originaria de África, similar a la oriental, su fruto es la Nuez de Cola (Kola amarga), un fruto con diversas propiedades y usos. Se puede consumir en infusiones, solas o con miel, masticada directamente, licuada como refresco o pulverizada. **Sus efectos secundarios podrían ser:** nerviosismo, insomnio, dolores de cabeza. **Mucha precaución si se padece de:** taquicardia, hipertensión, úlceras gástricas, insomnio o dificultad para conciliar el sueño. **Contraindicado en embarazadas, lactantes, y en menores de 12 años.**

- **Nuez Moscada,** (Nutmeg, in english)

"Myristica fragrans", originaria de las Islas de las especias (Las Molucas - Indonesia), la introdujeron los árabes en Europa en el siglo XI. **Su aceite esencial es venenoso,** se usa en cosméticos y uso tópico solamente, en los alimentos se utiliza para aromatizar. **Se recomienda no pasar de 1 cucharadita diaria en su uso, es potencialmente venenosa. Evitar** el tratamiento **en periodos largos** para cualquier remedio. **Contraindicado en embarazadas (abortivo), lactantes, menores de 12 años y personas con patologías hepáticas.**

- Ñame silvestre o Batata, (Yam, in english)

"Dioscorea alata" o "Dioscorea esculenta", es originario de África y sur de Asia, se cultiva desde hace miles de años. **Considerada para tratamientos de enfermedades femeninas, casi total.** Se utiliza la raíz y el bulbo en capsulas, extractos o cremas, siendo el uso más habitual en cápsulas, seguir indicaciones del especialista. **Contraindicada durante el embarazo o sospecha, en lactancia, menores de 6 años. Mujeres con cáncer de mama, endometrio útero, o miomatosis uterina.**

Descripciones de plantas letra O

- Olivo
- Olmo
- Onagra
- Orégano
- Oreja de oso
- Oroval

- Olivo, (Olive, in english)

"Olea europaea", originario de la cuenca Mediterránea, desde la antigüedad se aprovecha su madera y frutos (aceituna). Las infusiones de corteza y hojas se utilizan por sus propiedades curativas. **En uso tópico solo la corteza.** Las hojas en inyectables o por vía intravenosa reduce la presión arterial y dilata las arterias coronarias que rodean al corazón. **Efectos secundarios posibles:** irritante para el epitelio gástrico. **Contraindicado en embarazadas (efectos desconocidos). Personas con problemas gástricos** ingerir el Aceite de oliva solo en comidas.

- Olmo, (Elms, in english)

"Ulmus minor" o "Ulmus carpinfolia", se le conoce popularmente como negrillo, originario del hemisferio norte de Eurasia y América. **Puede ocasionar:** hipersensibilidad y alergia de contacto. **No se conocen** contraindicaciones, se **recomienda consultar** con el médico o especialista.

- Onagra, (Evening primrose or Sundrops, in english)

"Oenothera", originaria de Norteamérica, los indios nativos la usaron con fines nutricionales y medicinales. En el siglo XVIII los europeos la consideraban como una hierba milagrosa. Produce hojas distintas durante el primer y segundo año y su fruto es en forma de cápsula. El aceite de onagra se obtiene tras la presión en frío del fruto. Se consume **3 píldoras** a lo largo del día **(seguir indicaciones del especialista).** Para uso tópico se utiliza el aceite. Las flores de la onagra se pueden emplear para aromatizar ciertas ensaladas. **Los efectos secundarios podrían ser:** dolor de cabeza, náuseas y diarreas. **No usar por epilépticos.**

- Orégano, (Oregano, in english)

"Origanum vulgare", originario de Asia Menor. Un proverbio árabe dice que el orégano vale para todo, menos para una cosa, curar la muerte. Es muy aromático para cultivar en macetas o en el jardín. A dosis recomendadas, el orégano es una planta segura. **Para fines terapéuticos se utilizan**: las hojas en uso tópico o en infusiones. También como condimento en ensaladas, sopas, pescados. **El aceite esencial** para utilizar en uso tópico **(ingerido solo bajo prescripción facultativa),** se comercializa tinturas, extractos fluidos o secos, supositorios, pomadas, linimentos y cápsulas. **La sobredosis puede provocar alteraciones nerviosas como:** agitación, hiperestesia, depresión, entorpecimiento y somnolencia, o excitación cardíaca por los efectos estimulantes de su aceite esencial. **Contraindicado ingerir el aceite esencial por embarazadas, lactantes, menores de 12 años, anémicos, pacientes con gastritis, úlceras gastroduodenales, síndrome del intestino irritable, colitis ulcerosa, enfermedad de Crohn, hepatopatías, epilepsia, Parkinson u otras enfermedades neurológicas.**

- Oreja de oso, (English primrose or Common primrose, in english)

"Primula vulgaris", originaria de Europa, aunque también se encuentran en el Extremo Oriente y Siberia. Recolectándose a menudo en Bielorrusia, regiones de San Petersburgo (Leningrado) y Kaliningrado. Se utiliza la infusión de sus flores y ...**Continúa**

... hojas en dosis moderadas. **El exceso provoca:** vómitos, diarreas, náuseas y otros efectos secundarios. **Contraindicado en personas con enfermedades renales agudas.**

- **Oroval,** (Withania aristata, in english)

"Withania aristata", arbusto que crece alrededor del Mediterráneo y sobre todo en Asia meridional, endémica en Canarias y norte de África, es de la misma especie de la Ashwagandha, se emplea la raíz, las hojas y los frutos. **Planta con cierta toxicidad.** Se suele utilizar la infusión de la corteza de la raíz, la decocción de sus frutos o el zumo de la raíz. **Se recomienda consultar con el médico o especialista antes de utilizar.**

Descripciones de plantas letra P

- **Paraguaya**
- **Pareira brava**
- **Pasiflora**
- **Patata**
- **Peonia**
- **Pepino**
- **Perilla**
- **Pie de león**
- **Pimienta de Jamaica**
- **Pimiento amarillo**
- **Pimiento rojo**
- **Pimiento verde**
- **Pistacho**
- **Plátano**
- **Podagraria**
- **Polen**
- **Poleo menta**
- **Polygala senega**
- **Primavera**
- **Psoralea**

- **Paraguaya,** (Saturn peaches, in english)

"Prunus persica var. Platycarpa", originaria de la antigua Persia (Irán) o China, se obtiene por medio de mutaciones naturales del melocotonero. El fruto es una variedad de Melocotón con similares características nutritivas. **No se conocen** contraindicaciones, se **recomienda consultar** con el médico o especialista.

- Pareira brava, (Cissampelos pareira, in english)

"Cissampelos Pareira" originaria de centro y sur de América, planta silvestre trepadora, tiene muchos otros nombres en español: Alcotán, Bejuco de cerca, etc. Crece en todas las regiones cálidas y templadas del mundo. Empleada en medicina tradicional China y Ayurveda desde tiempos remotos, así como en la medicina indígena mexicana y otros lugares del mundo. Todas las partes de la planta poseen propiedades curativas. **Dósis bajo prescripción médica** utilizada en polvo o cápsulas. **El exceso, por su efecto diurético, puede producir diversos trastornos.**

- Pasiflora, (Blue passionflower, Passionflower or Maypop, in english)

"Passiflora caerulea", llamada Pasionaria o Flor de la pasión, es originaria del sur de USA, Centroamérica, Brasil y Perú. Preciosa y aromática flor. El fruto es una baya de forma ovoide, carnoso, de sabor ácido, color anaranjado y semillas negras. Administrada por vía oral, es bien tolerada, no ocasiona efectos secundarios. **En exceso puede producir**: mareos, confusión y coordinación irregular. Se toma en infusión, o en jugo, existen extractos secos y fluidos, tintura. **Extremar precaución al combinar con:** Nembutal, Seconal, Lorazepam, Luminal, etc. **Puede producir somnolencia extrema,** y dificultar la vida normal, así como reducir las condiciones para conducir o manejar maquinaria. **Contraindicado durante el embarazo y la lactancia, algunas de sus sustancias podrían contraer el útero.**

- Patata, (Potato, in english)

"Solanum tuberosum", originaria de los Andes, antiguamente se creía que no era comestible, incluso venenosa. En la actualidad es uno de los alimentos más universales y baratos. Con mala reputación, muchas personas consideran uno de los primeros integrantes en salir de su dieta cuando es un tubérculo cargado de nutrientes y gran variedad de vitaminas, minerales y fitoquímicos, que ayudan a prevenir enfermedades y benefician a nuestra salud. **Precaución, con la Solanina, sustancia verde que está justo debajo de la piel,** al comer cruda o con piel puede ser un ...**Continúa**

... peligro para nuestra salud, es un **pesticida natural**. Lo aconsejable es **eliminar perfectamente la piel y consumir las patatas de inmediato,** las concentraciones de la Solanina aumentan cuanto más viejo es el ejemplar. **Cocer las patatas sin piel para evitar que este alcaloide nos pueda afectar.**

- Peonia, (Peony or Paeony, in english)
"Paeoniaceae", originaria de Europa, de gran valor ornamental, la más apreciada es la de color rojo oscuro, aunque esta especie reúne a varias flores de color blanco o ligeramente violáceo. El fruto consiste en una forma capsular que encierra una buena cantidad de semillas negras. **Planta con cierta toxicidad, en dosis elevadas puede llegar a ser mortal.** para usos terapéuticos se utilizan las flores, semillas y raíces. La forma más utilizada es en infusión que se prepara con una cucharadita de café de las partes que queramos por taza de agua, hervir 15 minutos, colar y beber unas 3 tazas al día. **Nunca utilizar como laxante.** También se encuentra tintura, extracto fluido y gel cicatrizante. Todas las formas se deben **utilizar de forma discontinua. Contraindicada, ingerida, en embarazadas (abortiva), lactantes, en menores de 6 años.**

- Pepino, (Cucumber, in english)
"Cucumis sativus", originario de la India, y cultivado desde hace más de 3.000 años. Vegetal común que contiene una variedad de nutrientes esenciales para el cuerpo humano, y una gran cantidad de efectos terapéuticos en la salud. **No se recomienda en abundancia a menores,** ya que pueden ser más sensibles de presentar cuadros de diarrea o indigestión ocasionados por este fruto. **Tampoco se aconseja comer pepinos a personas:** con indigestión o diarrea. **Como planta de alto valor diurético su ingesta abundante podría ocasionar en algunas personas:** sensaciones de decaimiento, de fatiga muscular o disminución del apetito sexual.

- Perilla o Shiso, (Perilla or Deulkkae, in english)
"Perilla frutescens", originaria de Asia meridional, China, India, Japón, Laos, Thailandia, Vietnam. Pertenece a la familia **de plantas herbáceas como la Mentas y Hierbabuena. Se utiliza** las hojas y la planta entera. El consumo habitual es en infusión con ¼ de taza con hojas en polvo secadas, cubrir con agua hirviendo y dejar hervir durante 10 a 15 minutos. También se utiliza el aceite de Shiso para dolencias concretas, pero **contraindicado** en pacientes de cáncer. **Contraindicada siempre en embarazadas, lactantes, menores de 12 años, no consumir en medicación con antiinflamatorios o contra el colesterol.**

- Pie de león, (Common lady's mantle, in english)
"Alchemilla vulgaris", originaria de Europa, se desarrolla en praderas y pastizales húmedos de alta montaña donde el clima es frio, **planta** de poca altura, tallos con pelillos y hojas redondeadas, de flores pequeñas y amarillentas. Las sumidades aéreas y raíces son las que poseen los principios activos. **Antes de utilizar ingerida consultar al médico.** Se prepara con 1 cuchara de postre por taza de agua, hervir 10 minutos, colar y beber hasta 3 tazas al día antes de comer. **Contraindicado en menores de 12 años y personas con gastritis, ulcera gastroduodenal y cardiopatías.**

- Pimienta de Jamaica, (Jamaica pepper or Allspice, in english)
"Pimenta dioica", crece en Jamaica, México, Guatemala, y Belice, la pimienta que no lo es, es una baya que se recoge verde y al secarse al sol toma su color marrón característico. Una vez secas recuerdan a grandes pimientas y de ahí su nombre, pero no pica. Se puede conseguir incluso en los Hipermercados como condimento culinario. El aceite esencial puede irritar la piel a las personas muy sensibles, probar por primera vez en pequeñas cantidades para evitarlo. **No se recomienda en embarazadas o lactantes, debido a la insuficiencia de evidencia científica disponible.**

- Pimiento amarillo, (Yellow pepper, in english)

"Capsicum annuum", originario de América, proceso de maduración del verde, antes de llegar al rojo, en este proceso el amargor va desapareciendo, hasta ser dulce en su última faceta. Se recomienda combinar el consumo de los pimientos amarillos con pequeñas cantidades (3 o 5 gr.) de aceites saludables como Aceite de Oliva, ya que esta combinación favorece la absorción de los carotenoides. Un pimiento amarillo grande proporciona aproximadamente 1,7 gr. de fibra dietética, que representa el 7 % del valor diario recomendado. **No se conocen** contraindicaciones, se **recomienda consultar** con el médico o especialista.

- Pimiento rojo, (Red pepper, in english)

"Capsicum annuum", originario de América, dándose a conocer por los españoles en el siglo XVI, es el más maduro de los pimientos, puede ser consumido crudo, hervido o asado. **Abstenerse pacientes con gastritis, úlceras gastroduodenales.**

- Pimiento verde, (Green pepper, in english)

"Capsicum annuum", originario de América, dándose a conocer por los españoles en el siglo XVI, es el más inmaduro de los pimientos, de sabor amargo con la mitad de vitamina C y una décima parte de la vitamina A en comparación con los de color rojo o amarillo. Potente antioxidante, la vitamina C es necesaria para la adecuada absorción del hierro si se tiene deficiencia. El pimiento verde se encuentra entre los alimentos más bajos en calorías, 100 gr. contienen tan solo 19,68 kcal. **No se conocen** contraindicaciones, se **recomienda consultar** con el médico o especialista.

- Pistacho, (Pistachio, in english)

"Pistacia vera", fruto del árbol del mismo nombre, originario de Asia occidental desde regiones montañosas de Grecia hasta Pakistán, los de mayor calidad son los de Irán. Es de un color verde brillante, cuenta con un alto contenido calórico, pero con propiedades medicinales interesantes. **Contraindicado en caso de insuficiencia renal crónica.**

- Plátano, (Banana, in english)

"Musa paradisiaca", originario de la India, altamente nutritivo y de las frutas más calóricas que existen después del aguacate, 100 gr. de plátano aportan unas 90 calorías aproximadamente. Muy rico en hidratos de carbono siendo una de las mejores formas de nutrir nuestro cuerpo con energía vegetal, muy indicado en las dietas de los niños por sus propiedades y beneficios. **En exceso** puede resultar indigesto. **Los diabéticos** deben consumir con moderación. **Personas con enfermedades renales o hepáticas,** se **recomienda consultar** con el médico o especialista.

- Podagraria, (Ground elder, in english)

"Aegopodium podagraria", originaria de Europa, crece en bosques húmedos o cercanos a ríos. Considerada una **mala hierba**, es invasiva y se expande territorialmente formando una mata que se extiende sobre otras especies en forma silvestre. Es comestible en ensaladas o guisos. La habitual es la infusión, con las hojas secas, utilizar 15 gr. por cada taza de agua hirviendo, reposar unos minutos, filtrar y beber hasta 2 tazas al día. **Contraindicado en embarazadas, lactantes, y menores de 12 años.**

- Polen, (Pollen, in english)

Excepción del libro, se incluye al provenir de las plantas sirviendo en su multiplicación, y por los beneficios atribuidos desde la antigüedad, ha llevado a que se le reconozca como un producto de alto valor nutritivo. Dotado de propiedades profilácticas revitalizantes y terapéuticas. Contiene todos los elementos indispensables para la vida, y el restablecimiento y mantenimiento de la salud del cuerpo. **Los alérgicos no deben consumir polen.** Considerado un alimento superior a cualquier vegetal o vitamina artificial. **No se conocen** contraindicaciones, **se recomienda** consultar con el médico o especialista.

- Poleo o Menta poleo, (Pennyroyal or Pennyrile, in english)

"Mentha pulegium ", herbácea originaria de la cuenca Mediterránea, crece en sitios húmedos, las **infusiones** son muy populares, por el efecto relajante que generan. **Puede ser tóxica cuando se superan las dosis permitidas.** Combinado con otros medicamentos o plantas, puede potenciar sus efectos, **consultar con el médico, en caso de estar medicándose contra alguna dolencia.** La forma de consumir es en infusiones, **el uso habitual puede producir:** hipoglucemia, puede disminuir los niveles de hierro en la sangre, ya que inhibe su absorción. **Las infusiones ingeridas, como efecto secundario pueden ser causante de:** diarreas, vértigos, confusión mental, dolor de garganta, dificultad en la deglución, debilidad muscular, dolor de cabeza, zumbido en los oídos, convulsiones, sed, sudor excesivo, pulso débil y paralización de los músculos de la respiración, **en exceso muerte por coma. En uso tópico la infusión o el aceite esencial puede:** afectar a la piel en forma de dermatitis, picor, desasosiego, malestar general, picor en los ojos, etc. **Contraindicado durante el embarazo (abortiva) y durante la lactancia.**

- Polygala senega, (Seneca snakeroot, in english)

"Polygala senega", también llamada Polygala de Virginia, nativa de Norteamérica, se distribuye por el sur de Canadá y en el centro y este de USA. **Siempre utilizar bajo prescripción médica.** Se comercializa en tinturas, jarabes extractos secos y fluidos. La infusión se realiza con 3 cucharadas soperas por litro, hervir 2 minutos, reposar durante 10 minutos, colar y beber 3 ó 4 tazas al día. **La sobredosis puede ocasionar:** irritaciones gastrointestinales. **Contraindicada en pacientes con úlcera gastroduodenal, colitis ulcerosa, en forma de dosificación con contenido alcohólico en menores de 2 años, y personas en proceso deshabituación alcohólica.**

- Primavera, (Primrose, in english)

"Primula vulgaris", originaria del oeste y sur de Europa, plantas de los prados que antes florecen, incluso si el invierno no es muy frío se pueden encontrar las primeras flores (muy aromáticas) a mediados de enero. **Se usa como medicinal la "Prímula veris"** más común y abundante en la Península Ibérica (**mejor abstenerse de recolectar),** está protegida en algunos lugares. **Las variedades cultivadas y ornamentales no son adecuadas,** causan irritaciones. Como uso terapéutico se utiliza las flores y la raíz (principalmente), contiene sustancias emparentadas con el Ácido acetil salicílico o Aspirina. **Aquí se describe para los remedios de la raíz en forma seca, y las flores cuando las haya (nunca arrancar la planta entera).** Existe en tiendas especializadas, cremas y pomadas de primavera. **No se conocen** contraindicaciones, se **recomienda consultar** con el **médico o especialista.**

- Psoralea, (Psoralea or Otholobium, in english)

"Psoralea glandulosa" o "Otholobium glandulosum", también llamada Culen, es originaria de Argentina, Perú, Chile y Uruguay, de tallos fuertes, verticales y algunas vellosidades. Las hojas son muy aromáticas, y las puntas transparentes. Se puede encontrar en praderas secas, declives pedregosos, terrenos abandonados, bordes de caminos en cultivos. **No se conocen** contraindicaciones, se **recomienda consultar** con el **médico o especialista.**

Descripciones de plantas letras Q - R

- **Quassia**
- **Quina**

- **Rábano rusticano**
- **Reishi**
- **Remolacha**
- **Reseda**
- **Roble albar**
- **Romero**
- **Rosal**
- **Ruda**

- Quassia, (Bitter wood, in english)
"Quassia Amara" o "Picrama excelsa", también llamada Cuasia, es originaria de la América tropical, muy utilizada para fines cosméticos, medicinales, e insecticida natural muy eficiente. No afecta a las mascotas ni a los niños, al no contener sustancias tóxicas. Como insecticida repele a todo tipo de insectos, siendo económico y ecológico es una de las plantas más amargas que existen. **Usar solo bajo control de especialista la corteza en infusión** (en dosis altas produce vómitos). También se utiliza **el vinagre de Quassia. Contraindicado durante el período menstrual (puede provocar cólicos, dolores y aumentar el tono uterino) y las embarazadas (abortivo).**

- Quina, (Quinine, in english)
"Cinchona officinalis", también conocida como Quinquina o Quinaquina, árbol originario de la Amazonía peruana. Debido al extendido uso y explotación comercial en la actualidad se encuentra en peligro de extinción a nivel mundial. La corteza de las ramas, el tronco desecado y la raíz tienen principios activos. La infusión se prepara con 10 gr. de corteza por litro de agua hirviendo. Se aconseja tomar 2 tazas al día. Se consigue en polvo, extracto líquido, tintura, jarabe. El vino de quina es curativo (**en adultos** solo 1 copita al día es suficiente para obtener buenos resultados). **Con moderación no genera contraindicaciones, en dosis muy altas puede producir:** vómitos, náuseas, dolor de cabeza y problemas en los oídos.

- Rábano rusticano, (Horseradish, in english)
"Armoracia rusticana", originario de Rusia y suroeste de Asia, cada vez más raro al haberse abandonado su cultivo, en la Península se puede encontrar en los Pirineos de Aragón y Cataluña. **Se utiliza comercialmente en mostazas muy fuertes al ser extremadamente picante, puede irritar el tracto digestivo y provocar vómitos de sangre o diarreas, la forma habitual es la raíz rallada ingerida o como cataplasma.**

- Reishi, *(Reishi mushroom or Lingzhi mushroom in english)*

"Ganoderma lucidum", hongo también conocido como Ganoderma u Hongo pipa, crece principalmente en los troncos en descomposición del Ciruelo salvaje, a veces en el Roble. Se menciona en el escrito más antiguo de la farmacopea China en el 56 a. n. e. y se cree que los asiáticos conocían el Reishi siglos e incluso milenios antes. Es muy raro en la naturaleza, solo crece en las montañas, en los bosques profundos. En la actualidad se cultiva en un ambiente artificial en China, en Asia y América del Norte. **Utilizar bajo prescripción y en tratamiento personalizado por un profesional capacitado.** Se consume en forma de pastillas, cápsulas, y en extracto sólido o líquido. **Como efectos secundarios puede causar:** sequedad de la boca, garganta y fosas nasales, picazón, sangrado nasal y diarrea. **Contraindicado en personas con hipotensión, de trombocitopenia, antes y después de cirugía o el parto.**

- Remolacha, (Beet, in english)

"Beta vulgaris", originaria del Mediterráneo, hortaliza propiedades sorprendentes. **Consumir con moderación personas con:** acidez de estómago, gastritis, hipotensión, gota, artritis o problemas renales. **Contraindicada en embarazadas, y en diabéticos.**

- Reseda, (Mignonette tree, in english)

"Reseda lutea", también llamada Gualda o Gualdón, se considera el cosmético más antiguo del mundo, sirve para teñir cualquier parte del cuerpo incluso en tatuajes. Planta originaria del trópico, se cultiva en regiones áridas de África tropical, Madagascar, Asia tropical, Australia y América. **No se conocen** contraindicaciones, se **recomienda consultar** con el médico o especialista.

- Roble albar, (Durmast oak, in english)

"Querus petraea", originario del hemisferio Norte, agrupa distintas especies, en la Península existen tres muy parecidas, la más extendida es el "Quercus pyrenaica", llamado Melojo, abundante en la Sierra de Madrid. El descrito abunda en Cantabria y los Pirineos, se utiliza la corteza de las ramas, aunque también ...**Continúa**

... se emplean las hojas y el fruto. Se utiliza la corteza de primavera de 3 mm. **de grueso. Contraindicado en embarazadas, lactantes, y personas con medicación que provoque daño hepatotóxico.**

- Romero, (Rosemary, in english)

"Rosmarinus officinalis", originaria de la cuenca Mediterránea, con fines medicinales se utilizan sus sumidades floridas. Se comercializa en forma seca, tinturas, extractos fluidos **(no prescribir en dosificación oral con contenido alcohólico a menores de 12 años, o personas proceso de deshabituación etílica)**, y extractos secos, también existe aceite esencial. **Contraindicado el aceite esencial, ingerido, en embarazadas, lactantes, menores de 6 años, pacientes con gastritis, úlceras gastroduodenales, síndrome del intestino irritable, colitis ulcerosa, enfermedad de Crohn, hepatopatías, epilepsia, Parkinson u otras enfermedades neurológicas. En uso tópico en menores de 6 años, personas con alergias respiratorias o hipersensibilidad conocida a aceites esenciales, o con problemas de obstrucción de las vías biliares.**

- Rosal o Rosal de Castilla, (Rose or Gallic rose, in english)

"Rosa Gallica", o Rosal de Francia, originaria de Europa central y Asia occidental. Las flores están en grupos de una a cuatro, siendo su color muy amplio, existen 30.000 variedades, desde el blanco (poco común) a rosa o púrpura oscuro, siendo lo pétalos los empleados para elaborar remedios medicinales. Aquí se describe la más común con fines terapéuticos, aquella donde los pétalos de rosa se pueden utilizar para complementar otros preparados dando un sabor agradable a las infusiones. La infusión es la forma habitual, se prepara con una cucharadita de pétalos secos por taza **(no debe hervir).** Se comercializa productos naturales elaborados con rosas, el agua de rosas, pomadas, aceite esencial. **Durante el embarazo** (solo bajo prescripción facultativa). **Contraindicado durante la lactancia, en menores de 6 años, y personas con úlcera gástrica.**

- **Ruda,** (Rue or Herb of grace, in english)

"Ruta graveolens", es originaria del sur de Europa y suele utilizarse como condimento, **utilizada con precaución** es una planta con muchas propiedades medicinales. Las formas en las que se puede utilizar terapéuticamente en: cápsulas, tintura y la infusión. La dosis es de **1 gr. máximo, bajo prescripción y vigilancia médica, por su alta toxicidad, no es recomendable su uso prolongado.** De gran utilidad contra los insectos, se utiliza como ingrediente en productos insecticidas como vaporizadores, las varitas, etc. No sólo puede ayudar a alejar las plagas sino también combatirlas. **El aceite esencial es bastante tóxico, no siendo recomendable aplicar sobre la piel,** puede producir **enrojecimiento**, y dolencias como: dermatitis, manchas o ampollas, por esta razón debe vigilarse su uso. **Suele ser menos tóxica cuando se consumen las hojas secas debido a la volatilidad del aceite esencial. Contraindicada en embarazadas (abortiva), lactantes, menores de 12 años, personas con problemas renales, hepáticos de insomnio, gástricos, úlceras duodenales, colitis, sus efectos incluso pueden dañar el aparato respiratorio, provocando paradas cardiorrespiratorias y la muerte.**

Descripciones de plantas letra S

- Salep
- Salvia
- Salvia romana
- Sanguinaria del Canadá
- Saponaria
- Sauce blanco
- Sauzgatillo
- Schizandra
- Sello de oro, ver Hydrastis
- Sésamo
- Sófora
- Sol de oro, ver Helicriso
- Sombrerera
- Stevia
- Sumbul

- Salep, (Salep drink or Butterfly orchid drink, in english)
"Anacamptis papilionácea", planta originaria de la cuenca Mediterránea, pero en Turquía las orquídeas no solo son bellas a la vista y delicioso aroma, se utiliza para elaborar una bebida tradicional muy energética que fortalece la salud, elevando las defensas orgánicas para cuando comienzan los climas fríos del invierno. Esta bebida recibe el nombre de "Salep", para elaborarla utilizan la fécula o harina aromática de los tubérculos, en particular de las especies salvajes, "Satirión, orchis" y "Ophrys holosericea". Se prepara con 4 tazas de leche, 1 taza de azúcar, 1 cuchara sopera de Salep, mezclar el azúcar el Salep en una olla. Añadir leche fría y volver a mezclar. **En lugar de azúcar (sin ningún valor alimenticio), se puede utilizar cualquier edulcorante (ver edulcorantes).** Mezclar mientras hierve a fuego lento durante 2-3 minutos, y servirlo caliente con un poco de Canela en polvo, se puede añadir un poco de almidón. Hay comercios donde venden salep preparado, listo para calentar y consumir. **No se conocen** contraindicaciones, se **recomienda consultar** con el médico o especialista.

- Salvia, (Sage or Garden sage, in english)
"Salvia officinalis", originaria la zona Mediterránea, el nombre proviene del latín "salvare" (curar), la forma más usual es la infusión, **nunca más de tres infusiones diarias. No exceder de la dosis recomendada:** puede ser neurotóxica y provocar convulsiones. **Contraindicada en embarazadas (abortiva), lactantes, menores de 6 años, personas con cáncer de mama y otros tumores estrógeno-dependientes, paciente con inestabilidad neurovegetativa, o insuficiencia renal.**

- Salvia romana, (Clary sage or Clary, in english)
"Salvia sclarea", también llamada Amaro o Esclarea, originaria de la cuenca del Mediterráneo hasta el centro de Asia. **No ingerir alcohol utilizando el aceite esencial,** exagera los efectos alcohólicos, la embriaguez, el malestar posterior o provocar somnolencia. **Contraindicado el aceite en embarazadas al estimular el flujo menstrual.**

- Sanguinaria del Canadá, (Bloodroot, in english)

"Sanguinaria canadensis", también llamada Sanguinaria y Germandrina, originaria de USA y Canadá, de flores blancas o rosas. **Para fines curativos se utilizan las hojas en infusión. Existen productos dentales con sanguinaria. Antes de utilizar consultar con el médico o especialista** tiene alcaloides tóxicos como Opio y puede irritar la membrana mucosa. **Contraindicada en embarazadas, y lactantes.**

- Saponaria, (Common soapwort, in english)

"Saponaria officinalis", originaria de Europa central y meridional, su nombre deriva del latín y significa "Jabonosa", siendo muy apreciada desde los tiempos de Dioscórides y Plinio. Destaca por sus brotes de gran tamaño y flores de color característico. En España se cría por casi todo el país, pero con mayor frecuencia en el Norte. La recolección de sus hojas debe ser durante el verano, las raíces en otoño. Para usos medicinales por vía interna, **usar preparados elaborados,** al no contener **principios tóxicos que perjudican el estómago, intestino y riñones.**

- Sauce blanco, (White willow, in english)

"Salix alba", el llamado Sauce llorón, es originario del centro y sur de Europa, Norte de África y oeste de Asia. La corteza de sauce se ha utilizado como tratamiento para el dolor y la fiebre en China desde el 500 a.n.e. Los antiguos egipcios también utilizaban para las inflamaciones. Debido a los componentes activos que se encuentran en la corteza, siendo más efectivos que la Aspirina (derivado sintético del llamado ácido acetilsalicílico que desarrolló y produjo Alemania industrialmente en 1852), pero siendo más fuerte para el estómago. Se suele tomar en infusión, en una taza con agua se añade 1 o 2 cucharadas (de café) con corteza, hervir y durante 10 minutos mantener hirviendo a fuego lento, colar y beber 3 tazas diarias. **Como efectos secundarios en dosis altas se citan:** zumbido en los oídos, úlceras, acidez estomacal, dolor, calambres, náuseas, sangrado gastrointestinal y toxicidad hepática, erupción, mareos y disfunción renal. **Existen cápsulas con polvo de sauce blanco, ...Continúa**

... igualmente de efectivas y más sanas, que las Aspirinas. Evidencias médicas indican que la corteza es menos propensa a provocar efectos colaterales gastrointestinales que pueden provocar otros calmantes para el dolor. **Se recomienda mucha precaución en embarazadas, lactantes, menores de 16 años, especialmente con síntomas similares a la gripe, varicela, o síndrome de Reye, personas con gota o asma, alérgicas o sensibles a la Aspirina. Evitar durante las dos semanas previas o posteriores a cualquier cirugía.**

- Sauzgatillo, (Vitex or Chaste tree, in english)

"Vitex agnus-castus", originario del sur de Europa y Asia central, arbusto caduco que crece en los climas templados, en las orillas de corrientes o lugares húmedos, de flores pequeñas, tubulares, de color lila, aromáticas, frutos carnosos entre rojos y negros. Utilizado en la antigüedad como un **remedio para las mujeres,** las propiedades son numerosas para ellas en particular, la infusión se realiza vertiendo una cucharada de bayas un poco machacadas (mejor frescas) en una taza de agua hirviendo. Reposar 10 minutos, colar y beber templada. **Raramente puede provocar:** malestar gastrointestinal y erupciones cutáneas leves de la piel con picazón. **Contraindicado en embarazadas** (reduce el nivel de los estrógenos producidos por los ovarios y la placenta), **lactantes, o medicando con anticonceptivos.**

- Schizandra, (Magnolia-vine, in english)

"Schisandra chinensis", originaria del norte de China, se le llama también la fruta de los cinco sabores, su nombre en chino es Wu-Wei-Zi. Las bayas se han usado en la medicina tradicional china desde hace más de 2.000 años, una de las pocas hierbas que contiene los tres tesoros conocidos como el Jing, Qi y el Shen (esencia, energía y espíritu). Se comercializa en forma de té, en gotas y cápsulas, aconsejan como dosis apropiada son 450 mg., 3 veces al día. **Mejor seguir indicaciones de especialista. ...Continúa en página siguiente**

... Puede producir: acidez, dolor estómago y disminución de apetito. **No consumir por aumento de somnolencia con:** Lorazepam, Diazepam, Fenobarbital, Codeína, Ibuprofeno, Naxoproxeno y antidepresivos. **Contraindicado en embarazadas, lactantes, y personas con trastornos gastrointestinales.**

- Sésamo, (Black sesame, in english)

"Sesamum indicum", llamado también Ajonjolí, originario de la India y África, desde donde llegó a América transportada por los esclavos. Se puede consumir directamente en ensaladas, dulces, arroz, parrilladas o salteados de verduras. **Utilizar solo bajo prescripción médica:** personas enfermas de hígado o renales. **Contraindicado el aceite esencial en embarazadas.**

- Sófora, (Japanese pagoda tree, in english)

"Styphnolobium japonicum", originario del Asia oriental que fue trasladado a Japón (conocido como acacia de Japón). Árbol popular en las regiones del norte por sus flores blancas que florecen a finales del verano, muy difundido en bonsáis. **Cualquier tratamiento y dosis será solo bajo prescripción médica o de especialista.** Para usos medicinales se utiliza distintas partes del árbol, según la dolencia a tratar, y en distintas formas: tinturas, polvo, pastillas, infusiones, de la planta como del fruto. **Dosis excesivas, o uso muy prolongado puede producir síntomas de intoxicación como:** parálisis y espasmos, incluso llegar al paro respiratorio. **Contraindicado en embarazadas, lactantes.**

- Sombrerera, (Butterbur, in english)

"Petasites hybridus", originaria de Europa y norte de Asia, crece en cercanías a bosques, en zonas húmedas. Se utiliza para los remedios terapéuticos la raíz. Existen tinturas para uso tópico o ingerir. **Siempre con control médico para que recete la dosis adecuada.** También planta seca para infusión que se puede preparar hirviendo ¼ litro de agua, verter 2 cucharaditas de café con la hierba. Reposar unos minutos, filtrar y beber, se puede tomar 1 o 2 tazas al día. **Las dosis excesivas o la utilización prolongada ...Continúa**

... **pueden producir problemas graves en:** hígado, mucosa gastrointestinal, pérdida de apetito, ascitis, dolores abdominales. **Contraindicada en embarazadas, lactantes, menores de 12 años y personas hipotensas.**

- Stevia, (Stevia or Sugarleaf, in english)

"Stevia rebaudiana", originaria de América del sur, aún hay zonas donde se puede encontrar de manera silvestre, aunque hace décadas que se cultiva para su consumo. Es un potentísimo edulcorante que **apenas posee calorías ni carbohidratos,** 1 gr. de Stevia tiene 1 caloría y 1 gr. de carbohidratos **y nada de grasas o colesterol.** Las hojas de Stevia contienen una variedad de nutrientes, como **proteínas, fibras, carbohidratos, vitaminas A y C, y minerales como Sodio, Magnesio, Hierro, Fósforo, Calcio, Potasio y Zinc,** aunque en la forma comercializada al público, no se aprecian estos nutrientes. El polvo blanco es de 200 a 300 veces más dulce que el azúcar, y las hojas entre 15 a 20 veces.

Recomiendo utilizar la planta, si es fresca, trozos pequeños de una hoja (2 o más, según el dulzor a desear), también las hojas secas o desmenuzadas. **También se puede encontrar en:** bolsitas **(para mezclar con otras tisanas), esencia, pastillas, extracto líquido y en polvo. Puede provocar reacciones alérgicas en personas sensibles a: plantas de las familias de Crisantemo y Margarita. Como efectos secundarios podemos citar: náuseas, distensión abdominal y gases. En niveles muy altos puede afectar a los hipotensos. Contraindicado en embarazadas y lactantes.**

- Sumbul, (Sumbal or Muskroot, in english)

"Férula sumbul", herbácea originaria del sur de Rusia, Turkestán y norte de India, el tallo exuda una savia láctea al romperse. Se trajo por primera vez de Rusia en 1535 como sustituto del almizcle, en 1867 se introdujo en la farmacopea británica. Las hojas que surgen del tallo van disminuyendo progresivamente de tamaño hasta la parte superior donde son meras brácteas. La planta entera tiene un intenso olor a almizcle. ...**Continúa en página siguiente**

... Para usos medicinales se utilizan sus raíces y rizomas, **seguir indicaciones de especialista.** Existe en el mercado como polvos, extractos fluidos y secos, **dosis excesivas pueden provocar efectos narcóticos, confusión, hormigueos y secreción nasal.**

Descripciones de plantas letra T

- **Tamarindo**
- **Tanaceto**
- **Té de labrador**
- **Té de roca**
- **Té rojo**
- **Té rooibos**
- **Té verde**
- **Tila**
- **Tila alpina**
- **Tomate de árbol**
- **Tomillo**
- **Trébol acuático**
- **Trébol rojo**
- **Trigo sarraceno**
- **Tronadora**

- Tamarindo, (Tamarind, in english)

"Tamarindus indica", también llamada Planta cámara, originario de África, pero cultivado con gran éxito en parte de Asia tropical e Iberoamérica. **Frutos color marrón o café oscuro que parecen sacos pequeños. La pulpa es un excelente condimento** para preparar aderezos y salsas. Los africanos suelen mezclar la pulpa con el arroz. **Se emplea la pulpa, hojas y corteza en aplicaciones medicinales,** la forma más habitual de utilizar es en infusión, que se prepara con 10 gr. de pulpa por ½ litro de agua. Hervir el agua, agregar la pulpa y dejar hirviendo 10 minutos más, reposar y beber tibio en ayunas. Es muy útil en lugares donde hace mucho calor para combatir deshidrataciones. **Contraindicado en embarazadas, lactantes, y comer si se toma aspirinas, por el posible aumento de sangrado.**

- Tanaceto, (Tansy, in english)

"Tanacetum vulgare", originario del sudeste de Europa y Asia Menor, arbusto de hojas aromáticas, divididas y vellosas de color verde oscuro, flores de pétalos blancos y el botón central amarillo. En la Edad Media hasta el XVII, en Inglaterra y norte de España su uso fue muy extendido como remedio para toda clase de enfermedades. Se utilizan las hojas y flores en infusión, existen tinturas y aceite esencial. **Contraindicado en embarazadas (abortivo), lactantes, en personas con problemas de coagulación sanguínea o baja en plaquetas.**

- Té de labrador, (Marsh Labrador tea, in english)

"Ledum palustre", de origen norteamericano, se utiliza su aceite esencial, raro, valioso y fabuloso. Su eficacia no tiene igual, pero su precio es elevado. En las situaciones más graves será siempre un recurso para tener en cuenta, aceite esencial con un gran potencial en el futuro, planta poco utilizada por desconocida y rara. **Totalmente prohibido el uso prolongado. Utilizar solo y exclusivamente bajo control médico. Contraindicado en embarazadas, lactantes y en menores de 6 años.**

- Té de roca, (Tea of Aragon or Rock tea, in english)

"Jasonia glutinosa" o "Chiliadenus glutinosus", originario de los países occidentales del Mediterráneo, desde la Provenza a Marruecos, actualmente abunda en Catalunya, Aragón, Levante y Murcia. Crece entre las piedras, formando una pequeña mata de 30 cm, de flores amarillas y pequeñas en el extremo del tallo, aunque llamado té, **no contiene teína, y en grandes dosis produce vómitos.** Existe aceite esencial, la forma habitual es en infusiones, de olor fuerte y sabor amargo, mejor endulzar al gusto, se puede beber hasta dos tazas al día. **Contraindicado en embarazadas (abortivo), lactantes.**

- Té rojo, (Red tea, in english)

"Camelia sinensis", es originario de la zona oriental de Asia y África tropical (Uganda, Kenia). El rojo es el semi fermentado de las hojas tras un breve secado al aire libre y un posterior secado más prolongado en un lugar cerrado. El verdadero y original té rojo es el **Pu-erh,** Pu'er en inglés, producto de una fermentación de años, incluso decenios, y si se encuentra, es en forma de bolas. **Contraindicado en embarazadas y también personas hipertensas, anémicas o que tengan problemas para absorción del hierro.**

- Té rooibos, (Rooibos, in english)

"Aspalathus linearis", en realidad es una infusión. Planta de origen sudafricano, no proviene de la misma del té "Camelia sinensis". El comienzo del consumo de rooibos se remonta al siglo XVII. De color rojo, sabor parecido a las nueces y algo dulzón, aunque no contiene azúcar. **Al ser de efecto bipolar estreñimiento/laxante, es conveniente vigilar su uso en los más pequeños.** Existe una variedad de color verde con mayor poder antioxidante, pero **muy caro.** No contiene cafeína, se puede consumir por las noches incluso niños. **No se conocen** contraindicaciones, se **recomienda consultar** con el **médico o especialista. Al ser de efecto bipolar estreñimiento/laxante, es conveniente vigilar su uso en los más pequeños.** Existe una variedad en verde con mayor poder antioxidante, pero **muy caro.** No contiene cafeína, se puede consumir por las noches incluso niños. **No se conocen** contraindicaciones, se **recomienda consultar** con el **médico o especialista.**

- Té verde, (Green tea, in english)

"Camelia sinensis", originario de la zona oriental de Asia y de África tropical (Uganda, Kenia). Después de la recolección de las hojas, se someten a un secado rápido por calentamiento (sistema chino) o por acción del vapor (sistema japonés). Este proceso evita la fermentación y la composición química apenas se altera según expertos, es el que **más beneficios** tiene sobre el cuerpo y la mente de la mujer. **Más de 5 vasos al día ...Continúa**

... puede producir: dolor de cabeza, nerviosismo, diarrea, trastornos de sueño, irritabilidad, ritmo cardiaco elevado, mareos, acidez, confusión. **Consultar al médico si se padece:** ansiedad, glaucoma, problemas cardiacos, enfermedad del hígado, anemia, sangrados, entre otros. **Como efectos secundarios por su cafeína:** a dosis altas puede llegar a provocar síntomas tales como nerviosismo o insomnio, tomando medicamentos inhibidores de la monoamino-oxidasa (IMAO), puede causar interacciones en este tipo de medicamentos, en determinadas personas algo más sensibles, tomado en ayunas puede causar náuseas o vómitos. **Contraindicado en embarazadas** (puede afectar al sistema nervioso del feto, incluso **más de 2 vasos de té al día pueden causar aborto involuntario y otros efectos negativos), no utilizar en menores de 12 años.**

- Tila, (Tila tree or Large-leaved lime, in english)
"Tilia platyphyllos", se obtiene del árbol del Tilo, de hoja ancha y caduca, crece de forma espontánea en los bosques de Europa, Asia y Norteamérica, donde se puede encontrar en las calles, parques urbanos en ciudades del todo el mundo. Las propiedades curativas de la Tila son conocidas desde la antigüedad, se utilizan sus flores, que crecen en forma de racimo y son muy aromáticas. Se comercializa preparados para infusión, en píldoras totalmente naturales para facilitar su ingesta y tener más control del tratamiento. **Conviene evitar su consumo o consultar con el médico: durante el embarazo, en caso enfermedad coronaria o problemas digestivos crónicos.**

- Tila alpina, (Small-leaved lime, in english)
"Tilia cordata", es el Tilo silvestre o Tilo de hoja pequeña, originario de Europa desde España hasta las montañas de Rusia y Turquía. Árbol del género "Tilia", de hoja estrecha. Se distingue del "Tilia platyphyllos" (este de hoja ancha). Como remedio terapéutico se aprovecha las flores, hojas y corteza. **La mejor forma de consumir es la infusión,** hasta dos tazas diarias, ideal antes de acostarse, o para pasar una tarde o un día relajado, ...**Continúa en página siguiente**

... también antes de un examen, una entrevista. Para preparar se recomienda una vez hervida el agua, en una taza poner no más de 1,5 gramos y reposar. **Usar solo para casos puntuales,** no como bebida rutinaria. **Contiene taninos,** el consumo excesivo **con el tiempo puede disminuir sus efectos** positivos relajantes. **Contraindicado en personas que padecen de hipotensión.**

- Tomate de árbol, (Tamarillo or Tree tomato, in english)

"Solanum betaceum", también llamado Tamarillo, fruta originaria de los Andes y poco conocida, se encuentra en forma silvestre o cultivada en toda América del Sur. Es de tamaño mediano, liso, brillante y de color ladrillo o rojo, cuando está maduro y tiene un sabor ácido-dulce. Se consume como fruta fresca, **aunque recomiendo,** por el exceso de acidez en muchos casos, mezclar el zumo con agua o leche. Utilizada como materia prima en la industria para la preparación de jugos, compotas, conservas, dulces, jaleas, gelatina, mermelada y concentrados congelados. Como refresco en jugo y en forma directa. Para refresco en zumo, hervir 10 minutos los tomates con cáscara, sin pedículo, dejar enfriar, quitar la cáscara manualmente. Licuar 3 de estos tomates y dependiendo del gusto de cada persona se puede añadir, zanahoria, piña, mora, agua, un pocillo de leche y endulzar al gusto. De forma directa o crudo, partir el fruto con cáscara en casquitos y agregarle limón al gusto. **Contraindicado en personas con alergias de piel, tensión baja (hipotensos), y padezcan de urticarias.**

- Tomillo, (Thyme, in english)

"Thymus vulgaris", originario de la cuenca Mediterránea y Asia, existen cerca de 1.500 especies, los más importantes son el Tomillo blanco (salsero), el Mejorano o el de Loscos. Arbusto muy aromático de tallos leñosos, de flores pequeñitas de color rosa pálido o blanco agrupadas en racimos muy tupidos hacia adentro, dejando a la vista finas vellosidades en la parte posterior. La planta se reconoce rápidamente porque desprende un fuerte aroma. Por sus propiedades bactericidas se utilizó en la antigüedad para embalsamar las momias. Existe un aceite esencial que, ...**Continúa**

... antes de utilizar se recomienda consultar con el médico o especialista. La forma habitual es la infusión, ingerida o en uso tópico como enjuagues, locuciones, **sin edulcorar.** También como condimento en guisos, **poco,** el sabor es muy intenso. **No se conocen** contraindicaciones, se **recomienda consultar** con el médico o especialista.

- Trébol acuático, (Bogbean or Buckbean, in english)

"Menyanthes trifoliata", originario de los humedales del hemisferio norte de Europa, Asia y algunas regiones de África. Sus hojas parecidas al Trébol común o Trébol blanco. En Europa se usa medicinalmente desde el año 1761, en España es poco frecuente se encuentra en zonas del norte de la península, como los Pirineos Orientales y Galicia, muy escasa en el resto del país. Se encuentra en polvo, hierba seca y tintura. La forma más habitual es en infusión hirviendo una cucharadita de postre de hojas secas por taza durante 3 minutos. Dejar reposar durante 5 - 8 minutos, tomar tres veces al día. **En altas dosis** es altamente **purgante y emético. Contraindicado durante el embarazo, puede dar lugar a graves alteraciones en el feto.**

- Trébol rojo, (Red clover, in english)

"Trifolium pratense", originario de Europa, oeste de Asia y noroeste de África, se utiliza como remedio curativo las flores, aconsejable es recolectar las cabezuelas florales y dejarlas secar. La forma usual es la infusión, muy fácil de elaborar y sumamente deliciosa. **En exceso puede causar:** náuseas, dolor de cabeza, dolores musculares, dificultad para respirar. **Es aconsejable consultar con el médico si está medicado con:** estrógenos, anticoagulantes, píldoras anticonceptivas. **No se conocen** otras contraindicaciones, se **recomienda consultar** con el médico o especialista.

- Trigo sarraceno, (Japanese buckwheat, in english)

"Fagopyrum esculentum", también llamado Alforfón, originaria de Asia oriental (Manchuria – China), con múltiples propiedades nutricionales y una fuente muy rica ...**Continúa en página siguiente**

... de Magnesio, indispensable para la correcta asimilación del Calcio. No contiene gluten, siendo ideal para **celíacos.** Afecta al sueño, **no tomar por las noches,** es muy energético. **Moderar el consumo las embarazadas y lactantes.**

- Tronadora, (Yellow trumpetbush or Tecoma stans, in english)
"Tecoma stans", originaria de México, de climas cálidos y principalmente secos, crece alrededor de la orilla de algunos caminos en bosques tropicales. Con hojas y flores amarillas en forma de pequeñas campanas que se agrupan en racimos bellos y vistosos, sus frutos en forma de cápsulas alargadas contienen las semillas. **Cuenta con 56 componentes químicos distintos** en las hojas y flores. Beber infusiones realizadas con las hojas, ramas, tallos e incluso flores y raíces. **No se conocen** contraindicaciones, se **recomienda consultar** con el **médico o especialista.**

Descripciones de plantas con la letra V

- Vainilla
- Valeriana
- Verbena
- Verdolaga
- Verónica
- Vetiver
- Viborera
- Vid
- Violeta

- Vainilla, (Vanilla, in english)
"Vanilla planifolia", es una de las 110 especies de "Vanilla" existentes, orquídea enredadera originaria de México, existen más de 30 variedades, aquí se describe la más usada como saborizante, cultivada en zonas tropicales de América, principalmente. Se consume el fruto que sale de una **flor que apenas dura abierta un par de días, de olor inconfundible y exquisito,** formando una vaina negruzca donde guarda las semillas. Utilizada por los aztecas como remedio curativo, incluso Hernán Cortés la llegó a conocer. A partir del siglo XVII se expandió a través de la cocina francesa. ...**Continúa**

... En sinergia con el chocolate aumenta las endorfinas potenciando sus propiedades. Lo habitual para los remedios curativos es la infusión, también mezclada con otros alimentos. La comercialización generalizada es en rama, polvo, tintura y aceite esencial. **Contraindicado ingerir el aceite esencial por embarazadas, lactantes, menores de 12 años, pacientes con úlceras gastroduodenales, colitis, enfermos hepáticos y renales.**

- Valeriana, (Valerian, in english)

"Valeriana officinalis", originaria de Europa, una de las hierbas medicinales más utilizadas junto con la Tila y la Pasiflora para casi los mismos remedios. Planta con varios principios activos utilizados con fines farmacéuticos, se utiliza principalmente la raíz y en ocasiones las flores. **No tomar por un periodo superior a 10 - 12 días.** Se puede combinar con otras plantas de propiedades similares como la Melisa, Pasiflora **(en menores de 12 años no aconsejable),** Manzanilla, etc. Comercializada **en hojas secas, preparados en bolsitas,** pastillas, además de ser uno de los ingredientes primordiales para la preparación de aceites esenciales. **Contraindicada en embarazadas, lactantes, menores de 6 años, en personas tomando medicamentos sedantes o que afectan al sistema nervioso central.** Incompatible con alcohol, y en conductores **(causa somnolencia).**

- Verbena, (Vervain, in english)

"Verbena officinalis", del sudeste de Europa, Asia, África y América, se recolecta durante los meses de verano, en el momento en que se abran sus flores (secar a la sombra). En los remedios curativos se utiliza las yemas de las flores y las hojas de la planta en infusión. **Contraindicada en embarazadas (abortiva), lactantes, y menores de 12 años**

- Verdolaga, (Purslane or Verdolaga, in english)

"Portulaca oleracea", originaria de la cuenca del Mediterráneo y zonas de Europa con clima cálido. Conocida desde la antigüedad por sus propiedades terapéuticas, pero **la ignorancia** hace que se desprecien plantas de enorme valor, ...**Continúa en página siguiente** como en este caso, al ser considerada como una mala hierba para los agricultores o en jardines. Sin embargo, **contiene Omega 3, y la convierten en una de las verduras más ricas en estos ácidos grasos esenciales.** De hojas en forma de lágrimas, color verde oscuro, tallo entre rojizo y violeta, crece de forma salvaje e incluso en jardines. Se puede consumir fresca en ensaladas u otras presentaciones en crudo. Cocinada salteada o al vapor. Si se opta por su jugo, se recomienda como máximo beber 100 gr. de planta fresca o de 1 a 3 cucharadas que se puede mezclar con agua o Miel **(mayores de 1 año).** En las infusiones para ingerir se utiliza la planta fresca o seca, se cuece durante pocos segundos para que el ácido oxálico no pase al agua, siendo la forma habitual de consumo. También el té de sus semillas. Existe en el mercado **en tintura de alcohol no apta para niños o personas en proceso de deshabituación. No se conocen** contraindicaciones, se **recomienda consultar** con el médico o especialista.

- Verónica, (Heath speedwell or Common gypsyweed, in english)
"Veronica officinalis", herbácea trepadora muy común y abundante en los lugares montañosos de Europa y en toda América. Para los remedios curativos se utiliza toda la planta, sin las raíces, normalmente en infusión para uso interno y tópico. Ingerida se recomienda verter 1 cucharadita de postre con las hierbas en ¼ litro de agua hirviendo. Reposar 10 minutos, colar y tomar de 1 a 3 veces al día, tibia. Para uso tópico como enjuagues, gargarismos, cataplasmas, lavados, hervir 40 gr. por litro de agua durante 10 minutos, colar y utilizar. **No se conocen** contraindicaciones, se **recomienda consultar** con el médico o especialista.

- Vetiver, (Vetiver, in english)
"Chrysopogon zizanioides", originaria de la India, se emplea para la construcción de sus viviendas o chozas, por su valor antiséptico, aromático y repelente de mosquitos, incluso cuando está seca. Al margen de sus propiedades curativas o industriales en perfumería, jabones y cosméticos. ...**Continúa**

... Se utiliza principalmente el extracto de su aceite esencial que se obtiene de las raíces. Usar según indicaciones de los preparados o especialista. **Contraindicada en embarazadas y lactantes.**

- **Viborera,** (Viper's bugloss or Blueweed, in english)
"Echium vulgare", originaria de Europa y Asia Menor, es fácil de reconocer por el aspecto exterior tan característico que posee, **se asemeja a la Borraja y a la Buglosa (precaución).** Solo tiene tallo en su segundo año de vida, las hojas de la planta son de forma lanceolada y un nervio que las recorre de manera longitudinal, sus flores de color púrpura (a menudo se vuelven color azulado o violeta). Se puede encontrar especialmente en bordes de caminos, orillas de ríos. Para los remedios curativos se aprovechan las hojas y el tallo en infusión, que se puede preparar con un puñado de hojas por cada taza de agua, hervir, colar y beber hasta 4 tazas al día. La misma infusión se puede utilizar en uso tópico para lavados o cataplasma, sin edulcorar. **El uso prolongado puede ser tóxico para el hígado.** También puede ser consumida en estado fresco como cualquier otro vegetal. **Contraindicado en embarazadas, lactantes y en menores de 6 años.**

- **Vid / Uva,** (Grapevine / Grape, in english)
"Vitis vinífera", se cree que el **origen de la uva** cultivada en Europa está en la región del mar Caspio. Para los remedios curativos **se utilizan las hojas, frutos y el aceite extraído de las semillas.** En uso externo resulta muy adecuada lo que se conoce como "agua o savia de sarmiento o de vid roja". Se trata de la savia de la planta que se obtiene en primavera, generalmente en el mes de marzo antes de que salgan las hojas. Se corta una rama tierna y se deja que destile un líquido a través del corte y recoger en un vaso bien limpio. **No utilizar formas de dosificación con contenido alcohólico en menores de 6 años, personas con problemas etílicos. No se conocen** contraindicaciones, se **recomienda consultar** con el médico o especialista.

- Violeta, (Wood violet, in english)

"Viola odorata", herbácea perenne originaria de Asia y Europa, de flores muy bellas de color violeta o blanco (menos habitual), de aroma exquisito y muy delicado, muy populares para ornamentar jardines, y fácil cultivar. Para los remedios curativos se utiliza las flores y los rizomas en infusión, existen preparados específicos, aceite esencial y jarabes. **En grandes dosis provoca:** vómitos, problemas nerviosos y circulatorios muy graves. **Consultar con el médico o especialista para el consumo por embarazadas, menores de 12 años y personas con problemas de salud crónicos.**

Descripciones de plantas con la letra Y

- Yerba santa
- Ylan Ylang
- Yuca, ver Mandioca

- Yerba santa, (Mexican pepperleaf, in english)

"Piper auritum", arbusto originario de Mesoamérica, la hoja de hierba santa tiene forma de corazón, son aromáticas, de sabor dulce y algo picante. Se emplea en infusión, cataplasmas y la tintura. También se suele agregar en pequeños trozos a ciertos tamales. **Consultar al médico o especialista antes de usar: embarazadas, lactantes, menores de 6 años, y pacientes con enfermedad renal o hepática grave.**

- Ylang Ylang, (Ylang Ylang or Cananga tree, in english)

"Cananga Odorata", árbol originario de Malasia y significa en malayo "flor de flores" (Ilang-Ilang). Flores muy aromáticas empleadas para extraer su aceite esencial y usar en los remedios curativos. **Utilizar en uso tópico y en disolución en aceite, champú, arcilla,** de lo contrario puede provocar irritaciones cutáneas. También como inhalación mediante difusores. ...**Continúa**

... Existen cremas, y preparados en tiendas especializadas. **El uso excesivo puede provocar**: náuseas o jaquecas, **evitar** que esté al alcance de menores. **Contraindicado durante el embarazo.**

Bibliografía

La Bibliografía para la realización de este monográfico es parte de la empleada en el libro 8256 Remedios Naturales, quiero hacer una mención especial a las siguientes fuentes:

- **Atlas de las Plantas de la Medicina Tradicional Mexicana**
- **Diccionario botánico de nombres vulgares cubanos, Carlos A. Martínez Bayón.**
- **Dioscórides, Plantas y Remedios Medicinales (De Materia Médica), Libros I-III, Editorial Gredos, Traducción y notas por Manuela García Valdés**
- **El Gran Libro de las Plantas Medicinales, M. Palow**
- **Enciclopedia Everest de plantas medicinales**
- **Revista Agrotécnica de Cuba, se mencionan independientemente cada planta a través de EcuRed**

Índice General

www.ingramcontent.com/pod-product-compliance
Lightning Source LLC
Chambersburg PA
CBHW061805250726
48657CB00001B/295